Das Diabetes-Kochbuch

Die schnellsten Rezepte

Ernährungs-Doc Dr. Matthias Riedl

Das Diabetes-Kochbuch

Die schnellsten Rezepte

Weltbild

THEORIE

GESUND LEBEN BEI DIABETES

8   Was ist Diabetes?

10 Eine zeitgemäße Behandlung vermeidet Folgeerkrankungen

12 Richtig essen bei Diabetes Typ 2

14 Kohlenhydrate im Fokus

16 Am besten Slow – die Super-Carbs

18 Süßen ohne Zucker

20 Pflanzliches contra tierisches Eiweiß

22 Gute Fette – schlechte Fette

24 Essen unterwegs – clever tauschen

26 Gesunde Getränke – in richtigen Mengen

28 Diabetesmythen im Check

30 Vegan, Paleo, Low Carb – welche Foodtrends sind sinnvoll?

32 Abnehmen – gewusst wie

34 Auch für Diabetiker gilt: Achtsamkeit und Gelassenheit

36 Expressküche Diabetes – schnell was Gesundes auf dem Teller

38 Küchenhelfer, die Zeit sparen

180 Literatur und hilfreiche Adressen

182 Sachregister

184 Rezeptregister

192 Impressum

GESUND GENIESSEN BEI DIABETES

42 Frühstück
Für den gesunden Start in den Tag: schnelle Müslis,
Muffins und Eierspeisen

58 Aufstriche, Dips, Brote & Snacks
Damit der Snack gesund ist: Ideen für selbst
gebackenes Brot mit leckerem Belag

80 Salate & Rohkost
Gemüse satt: So tanken Sie reichlich Vitamine,
Mineral- und Ballaststoffe

96 Vegetarische Hauptgerichte
Pflanzen überzeugen mit gesundem Eiweiß:
aus Pfanne, Ofen oder Wok

116 Hauptgerichte mit Fleisch
Beliebte Klassiker schnell zubereitet:
von Gyros über Schnitzel bis Frikassee

146 Hauptgerichte mit Fisch
Gesunde Fette und reichlich Protein: herzhafte
Fischgerichte mit Gemüse und Käse

158 Desserts & Gebäck
Das süße Finale – auch für Diabetesbetroffene:
schnelle Nachspeisen und Kuchen

GESUND LEBEN

bei Diabetes

Noch nie gab es so viele Möglichkeiten in der Diabetestherapie wie heute. Das liegt einerseits an neuen Medikamenten, andererseits an modernen Erkenntnissen zur richtigen Ernährung. Denn der Schlüssel zur Heilung liegt in der Entlastung des Stoffwechsels: Weniger schnell verdauliche Kohlenhydrate, mehr Gemüse, ausreichend Eiweiß und eine spürbare Gewichtsreduktion vermindern die Belastung der vom Diabetes strapazierten Bauchspeicheldrüse. Erlaubt ist alles, nur die richtige Dosis zählt.

WAS IST DIABETES?

Bei der im Volksmund sogenannten »Zuckerkrankheit« handelt es sich um eine Stoffwechselkrankheit, die erhöhte Blutzuckerspiegel zur Folge hat.

Bei Typ 1 leidet der Betroffene an Diabetes aufgrund einer Autoimmunreaktion. Typ-2-Diabetiker entwickeln die Krankheit meist aufgrund dauerhaft überhöhter Blutzuckerwerte. Nicht jeder Mensch, der die Gene für Diabetes Typ 2 in sich trägt, bekommt ihn. Erst die Überlastung des Stoffwechsels startet die Entwicklung zum Diabetes. In der westlichen Gesellschaft hat die Bauchspeicheldrüse meist Schwerstarbeit zu verrichten: Sie sorgt mit ihrem Hormon Insulin dafür, dass die in Zuckermoleküle zerlegten Kohlenhydrate in die Zellen aufgenommen werden. Isst man mehr Kohlenhydrate, als die Muskulatur verbrennen kann, bunkert der Körper sie in Fettzellen.

ÜBERGEWICHT VERSTÄRKT

Zwei Turbos fördern die Entwicklung zum Diabetes: Fettleber und Bauchfett. Denn beide »Organe« setzen Substanzen frei, die die Wirkung des körpereigenen Insulins verschlechtern. Dann reagieren die Körperzellen nicht mehr richtig auf Insulin, man spricht von einer Insulinresistenz. Zu diesem Zeitpunkt ist Diabetes bereits vorprogrammiert, weil nun für die gleiche Wirkung noch mehr Insulin produziert werden muss.

Sobald die Bauchspeicheldrüse mit der Produktion von Insulin nicht mehr nachkommt, steigt der Blutzucker drastisch an und die Ärzte können Diabetes Typ 2 diagnostizieren. Diese Entwicklung schreitet umso schneller voran, je höher das Gewicht ist und je weniger Energie durch die Muskulatur verbrannt wird.

Sport wirkt entgegen

Der natürliche Gegenspieler des krank machenden Fettgewebes in der Leber und am Bauch sind Sport und damit die Muskulatur: Sie verbraucht nicht nur zu viel gegessene

Kohlenhydrate, sondern produziert auch Substanzen, die dem Diabetes entgegenwirken. Außerdem bedeutet mehr Muskulatur auch mehr Energieverbrauch in Ruhe.

Wie stark sind die Gene?

Wer Elternteile mit Typ-2-Diabetes hat, sollte sich regelmäßig untersuchen lassen. Das Risiko, selbst zu erkranken, liegt bei über 50 %. Bewegungs- und Muskelmangel sowie ein Übermaß an Kohlenhydraten und Zucker wären dann Gift. Sonderfälle sind schlanke Typ-2-Diabetiker, die allerdings weniger als 10 % der Fälle ausmachen. Sie haben wegen des fehlenden Übergewichts deutlich schlechtere Chancen auf Heilung.

Früherkennung wichtig

Die gute Botschaft: Diabetes Typ 2 lässt sich verhindern und ist in frühen Stadien sogar heilbar. Wer mit einem gesunden Blutzuckerspiegel von 80 mg / dl startet und jedes Jahr 2–5 mg / dl zulegt, kann hochrechnen, dass auch bei ihm Diabetes ausbrechen wird. Die Heilungschancen sind umso größer, je eher der Verdacht auf Diabetes bekannt ist. Mit richtiger Ernährung und regelmäßiger Bewegung können Sie Ihrem Schicksal entkommen. Leider kann auch unterhalb dieser Grenzwerte – im Bereich ab 100 mg / dl nüchtern – der sogenannte Prädiabetes schon krank machen: Das Herzinfarktrisiko schnellt in die Höhe.

DIABETES TYP 1

Beim Typ-1-Diabetes entwickelt der Körper Antikörper gegen die Bauchspeicheldrüse, sodass die Insulinproduktion innerhalb weniger Jahre komplett zerstört ist. Man spricht deshalb von einer Autoimmunkrankheit. Die Ursachen sind noch nicht endgültig erforscht. Im Gegensatz zum Typ-2-Diabetes tritt der Typ-1-Diabetes bereits im Kindesalter auf, 10 % all dieser Diabetesfälle erst bei älteren Menschen.

EINE ZEITGEMÄSSE BEHANDLUNG
vermeidet Folgeerkrankungen

So segensreich Insulin bei der Diabetestherapie ist, so kritisch ist die oft damit einhergehende Gewichtszunahme zu sehen.

Die medizinische Therapie sollte immer an der Ursache angreifen, dem Übermaß an Kohlenhydraten. Dementsprechend lautet die Reihenfolge in der Therapie: Essen mit weniger Kohlenhydraten, Medikamente, die helfen, das Gewicht zu reduzieren, und viel Bewegung, die den Blutzucker senkt. Schlusslicht in dieser Reihe ist schließlich die medikamentöse Insulingabe. Sie senkt zwar hervorragend den Blutzucker, steigert das Gewicht aber im Schnitt um 2–3 Kilo pro Jahr. Manche Diabetiker nehmen sogar 10–20 Kilo im Jahr zu.

AKTUELLE DIABETESMEDIKAMENTE

Deshalb stehen gewichtsschonende Medikamente wie Metformin, Inkretine und Gliflozine im Vordergrund. Besonders für Inkretine und Gliflozine konnte in Studien nachgewiesen werden, dass sie zusätzlich das Todesfall- und Infarktrisiko deutlich reduzieren. Als Dreingabe sinken sogar Blutdruck, Harnsäure und Blutfette leicht. Diese Arzneimittel verursachen außerdem keine Unterzuckerung wie Insulin. Sie sollten frühzeitig zum Einsatz kommen, um die Optimierung des Lebensstils mit gutem Essen und Sport zu unterstützen.

Unterzucker vermeiden

Als Therapieziel kann in diesen Fällen ein HbA_{1c}-Wert von unter 6,5 % gewählt werden – entsprechend einem nüchternen Blutzuckerwert von 100 mg / dl. Ein derart tiefer Zielwert ist mit Medikamenten, die Unterzuckerungen verursachen können, nicht möglich. Denn bei schwerer Unterzuckerung

---

BLUTZUCKERKENNWERT HbA_{1c}

Dieser Laborwert ist im Blut bestimmbar. Er ist wichtig für Diabetiker, weil er einen Rückschluss auf den Blutzucker der letzten zwei bis drei Monate zulässt. Bei gesunden Personen misst er ungefähr 30 mmol / mol beziehungsweise 5 %.

erhöht sich das Unfall- und Infarktrisiko stark. Blutzuckerwerte unter 6,5 oder 6 % HbA₁c zeigen Folgeschäden die rote Karte.

Folgeschäden seltener

So ist auch die jahrelange Furcht vor Folgeschäden an Augen, Nerven und Blutgefäßen gebannt. Zwar ist das Risiko für Herzinfarkt, Schlaganfall und Nierenversagen bei Diabetikern mit schlechter Blutzuckereinstellung erhöht, aber durch eine Einstellung im Bereich von 6 % HbA₁c werden Folgeschäden immer seltener. Genauso wichtig ist es, Diabetes möglichst im Frühstadium zu erkennen (siehe Seite 9), solange noch keine Schäden eingetreten sind. Studien beweisen, dass eine rechtzeitige und aggressive Senkung des Blutzuckers in den Bereich von Nichtdiabetikern die Entwicklung von Folgeschäden drastisch reduzieren kann.

BEGLEITKRANKHEITEN LINDERN

Hohe Blutzuckerspiegel können die kleinen und großen Arterien und häufig auch die Nerven schädigen. Selbst wenn Folgeschäden eingetreten sind, besteht jedoch kein Grund zu übertriebener Sorge. Neuere Behandlungsmethoden für Augen, Herz und schonende Medikamente zum Schutz der Nieren (z. B. ACE-Hemmer) können Schlimmeres verhindern.

Wichtig sind allerdings wie beim Auto regelmäßige TÜV-Kontrollen, damit kleinste Folgeschäden schon früh erkannt werden können. Lassen Sie daher jedes Quartal die Kontrollen gemäß dem Gesundheitscheck-Diabetes durchführen (siehe Seite 180). Dabei werden Blutdruck, Cholesterin und Harnsäure mitkontrolliert, die – mit erhöhten Blutzuckerwerten – als Turbo für die Arterienverkalkung gelten.

MODERNE DIABETESMEDIKAMENTE

SUBSTANZGRUPPE	WIRKSTOFF	VORTEILE	NACHTEILE
Metformin	Metformin	keine Unterzuckerungen, leichte Gewichtsreduktion, senkt Krebsrisiko	kann in höheren Dosen Durchfall verursachen
Gliptine	Sitagliptin, Saxagliptin	keine Unterzuckerungen	selten Schwindel, Verstopfung
Gliflozine	Empagliflozin, Dapagliflozin	keine Unterzuckerungen, Gewichtsreduktion um 2–3 kg, senkt Infarktrisiko und Blutdruck	Förderung von Harnwegsinfekten möglich
Inkretine	Liraglutid, Exenatid, Dulaglutid	keine Unterzuckerungen, Gewichtsreduktion um 7 kg, senkt Infarktrisiko und Blutdruck	vorübergehend Übelkeit möglich

RICHTIG ESSEN BEI DIABETES TYP 2

Wenn Diabetes Typ 2 eine Stoffwechselstörung ist, die durch zu hohen Kohlenhydratkonsum entsteht, was darf dann sinnvollerweise auf den Teller?

Hier stellt sich im Prinzip die Frage nach einer artgerechten Ernährung für uns Menschen. Vor Jahrzehnten waren die Kohlenhydrate aus Reis, Brot, Kartoffeln und Nudeln in unserer Ernährung kein Problem. Sie dienen stark vereinfacht gesagt als »Brennstoff« für unsere Muskulatur. Nachdem wir uns als »sitzende« Gesellschaft aber immer weniger bewegen, sind die Kohlenhydrate das Problem Nummer eins geworden. Der nicht verbrauchte Brennstoff wird überall im Körper in Form von Fett eingelagert und damit für Typ-2-Diabetiker zum Verhängnis. Kohlenhydrate sollten Sie in größerer Menge nur essen, wenn Sie viel Sport treiben. Sie sättigen leider weniger als ballaststoffreiches Gemüse und Eiweiß.

MACHEN SIE DEN EIERTEST

Essen Sie morgens 2–3 Eier – egal, ob gebraten oder gekocht – und testen Sie, wie viel Appetit Sie noch haben und wie lange Sie danach satt sind. Sie werden verblüfft sein: Sie werden pappsatt sein und 4–5 Stunden oder sogar 6 Stunden satt bleiben.

AUSREICHEND EIWEISS ESSEN

Das Wichtigste in der Ernährung bei unserer heutigen Lebensweise ist eine ausreichende Eiweißmenge. Der Grund: Wir haben für Eiweiß – anders als für Kohlenhydrate – keinen Speicher außer in der Muskulatur, die dem Körper für Verteidigung und Flucht dringend zur Verfügung stehen muss. Das war immer überlebenswichtig und daher verlangt unser Körper nach ausreichend Protein. Und täglich müssen Hormone oder Antikörper aus Eiweiß hergestellt werden. Weil das seit Urzeiten so ist, »misst« der Körper quasi die Proteinaufnahme beim Essen und »schaltet« das Hungergefühl erst aus, wenn der Eiweißtank voll ist.

Satt ohne Snacks

Überdies benötigt die Verstoffwechselung von Eiweiß kaum Insulin und erhöht den Blutzucker nur wenig. Das führt zu einem weiteren positiven Nebeneffekt: Der niedrige Insulinspiegel ermöglicht einen Fettabbau. Im Gegensatz dazu ist der Insulinspiegel erhöht, wenn wir viele Kohlenhydrate essen, und gibt grünes Licht für die Fetteinlagerung. Wenn Sie den ganzen Tag Kohlenhydrate »snacken«, baut unser Organismus ständig Fettpölsterchen auf.

Nicht zu viel und nicht zu wenig Eiweiß

Studien wie die Diogenes-Studie haben belegt, dass Menschen mit ausreichender Eiweißversorgung besser abnehmen und darüber hinaus zufriedener mit ihrer Ernährung sind. Die richtige Formel zur Eiweißdosierung lautet: 1–1,2 g Protein pro Kilo Normalgewicht (= Körpergröße^2 × 25) und pro Tag essen.

Aber Achtung! Wenn Sie darüberliegen, kann auch Eiweiß in Fett umgebaut werden – es gibt also keinen Freifahrtschein für einen unbegrenzten Proteinkonsum. Essen Sie weniger Eiweiß, ist der sättigende Effekt nicht ausgeprägt genug, Sie bekommen wahrscheinlich wieder Hunger und auf Dauer baut sich die Muskulatur ab.

AM BESTEN 3 MAHLZEITEN PRO TAG

Wichtig ist dabei, dass Sie die empfohlene Proteinmenge auf drei Hauptmahlzeiten verteilen. Ein Rechenbeispiel: Eine 70 Kilo schwere Person sollte pro Tag 70 × 1–1,2 g Protein essen, also rund 80 g reines Eiweiß.

Ein Beispiel: 1 Ei, 1 Käsebrot und 1 Glas Milch oder 250 g Quark mit Haferflocken enthalten rund 25 g Protein. Probieren Sie, Stück für Stück mehr Eiweißquellen in Ihre Mahlzeiten zu bringen. Sehr gute Eiweißlieferanten sind Nüsse, Hülsenfrüchte, Milchprodukte wie Milch, Käse, Quark und Joghurt sowie Fisch und Fleisch. Genaue Proteinmengen finden Sie zum Beispiel in der GU Nährwert-Kalorien-Tabelle.

GEMÜSE: DER IDEALE PARTNER

Gemüse versorgt den Körper ausreichend mit (langsamen) Kohlenhydraten, Ballaststoffen, Vitaminen und Spurenelementen. Der Magen wird dabei gedehnt, wir fühlen uns anhaltend satt. Aufgrund der langsamen Kohlenhydrate steigt auch der Blutzucker nur mäßig an. Die perfekte Kombi für Diabetiker besteht deshalb in der richtigen Menge Eiweiß in Verbindung mit Gemüse oder zuckerarmen Früchten. Fruchtzucker kann zu Insulinresistenz führen.

Kohlenhydrate in Maßen

Die klassischen Kohlenhydrate wie Kartoffeln, Reis und Nudeln sollten Sie danach dosieren, wie oft und intensiv Sie sich bewegen. Sonst bunkert der Körper den Brennstoff in den Fettzellen. Selbstverständlich ist auch Weißbrot nicht verboten, es sollte jedoch nur in Maßen genossen werden.

KOHLENHYDRATE IM FOKUS

Da bei Diabetes die Qualität und die Menge der Kohlenhydrate entscheidend sind, lohnt sich ein Blick auf die Quellen für Zucker im Essen.

Kohlenhydrate werden während der Verdauung in ihre Bestandteile, die Zuckermoleküle, zerlegt und über den Darm ins Blut aufgenommen. Der Zucker dient den Zellen dann als Brennstoff. Dafür wird er mithilfe des Hormons Insulin aus der Bauchspeicheldrüse in die Zellen eingeschleust. Je mehr wir uns bewegen, desto mehr Kohlenhydrate brauchen die Zellen, insbesondere die in der Muskulatur.

Das heißt nicht, dass wir ständig reine Kohlenhydrate essen sollen. Denn auch Gemüse, ja sogar Fleisch enthält ausreichend Kohlenhydrate, um den Körper mit Energie zu versorgen. Und in der Regel bewegen wir uns nicht so stark – ein Plus an Kohlenhydraten durch Nudeln, Reis und Kartoffeln ist nur bei außergewöhnlicher Belastung nötig. Extrem erhöhen Süßigkeiten, Weißbrot oder Kuchen den Blutzucker. Das führt zu Schwerstarbeit für die Bauchspeicheldrüse, die das notwendige Insulin zum Blutzuckersenken zur Verfügung stellen muss.

KOHLENHYDRATE NUR IN MASSEN

Um die Bauchspeicheldrüse bei Diabetes zu schonen, sollte nur ein Mindestmaß an Kohlenhydraten gegessen werden. Zu einem geringeren Anstieg des Blutzuckerspiegels führen außerdem Kohlenhydrate aus Gemüse, Fisch oder Fleisch. Hilfreich ist auch die Einbettung der Kohlenhydrate in Fett, wenn Sie zum Gemüse oder Fleisch also noch etwas Fett in Form von gesunden Ölen essen. Denn Fett verlangsamt die Verdauung – ebenso wie die Fasern und Ballaststoffe in Pflanzen – und die Zuckerbausteine strömen nur nach und nach ins Blut. Auch die Kohlenhydrate aus Vollkornprodukten kommen durch die langsamere Aufspaltung nur verzögert im Blut an. Tipp: Orientieren Sie sich am GI (siehe rechts)!

Blutzuckerspitzen meiden

Ein nicht zu schneller und steiler Anstieg des Blutzuckers nach dem Essen ist aus mehreren Gründen wichtig: Blutzuckerspitzen nach dem Essen überlasten nicht nur die Insulinsynthese in der angestrengten Bauchspeicheldrüse. Sie schädigen darüber hinaus die kleinen und großen Blutgefäße und die Nerven (siehe Seite 11) – Folgeerkrankungen wie Nieren-, Augenschäden oder ein erhöhtes Infarktrisiko können sich einstellen. Außerdem sorgt Insulin für den Aufbau von Fettgewebe – genauso wie Anabolika den Aufbau von Muskulatur fördern.

GLYKÄMISCHER INDEX (GI)

Mit dem Index lässt sich ungefähr abschätzen, wie schnell und wie hoch ein Lebensmittel den Blutzucker nach dem Essen ansteigen lässt. Raffinierte Zucker sind bereits in kleine Zuckerbausteine zerlegt, gelangen schnell ins Blut und erhöhen den Blutzucker rasant – sie haben einen hohen GI. Im schlimmsten Fall bringt das den Stoffwechsel sogar zum Entgleisen. Kohlenhydrate mit niedrigem GI, die erst zerlegt werden müssen – wie in Gemüsen, Nüssen, Fleisch und Fisch am besten mit viel Ballaststoffen –, strömen langsamer und gleichmäßiger ins Blut. Sie sind die erste Wahl für die Ernährung bei Diabetes, aber auch zum Abnehmen.

Schnell verdauliche
KOHLENHYDRATE

Langsam verdauliche
KOHLENHYDRATE

AM BESTEN SLOW – DIE SUPER-CARBS

Wer die richtigen Kohlenhydrate isst – in der optimalen Menge und Kombination –, kann auch weiter Nudeln, Reis und Co. genießen.

Entscheidend ist, wie schnell das Essen beziehungsweise die verzehrten Kohlenhydrate den Blutzuckerspiegel erhöhen. Ein langsamer Anstieg des Blutzuckers nach dem Essen ist dabei wichtiger als eine geringe Kohlenhydrataufnahme. Sie können bei komplexen Kohlenhydraten aus Gemüse ruhig zulangen, weil sie den Blutzucker nicht schnell erhöhen. Gut: Lebensmittel mit niedrigem GI (siehe Seite 15) – umgangssprachlich als »Slow Carbs« (langsame Kohlenhydrate) bezeichnet. Von einer Low-Carb-Ernährung spricht man landläufig, wenn maximal 30 % der Kalorien einer Mahlzeit aus Kohlenhydraten bestehen.

So viel Carbs können Sie essen

Als Faustregel kann gelten: Alles, was zur natürlichen Ernährung gehört, führt zu einem langsameren Blutzuckeranstieg.

Dazu zählen beispielsweise Gemüse, Pilze, zuckerarmes Obst, Nüsse, Fleisch, Fisch oder Milchprodukte. Diese Lebensmittel schonen die Bauchspeicheldrüse, weil sie überwiegend Slow Carbs enthalten und so weniger Insulin produziert werden muss. Auf der anderen Seite bedeuten Weißbrot, Zucker, Süßigkeiten, Ketchup, Marmelade, Honig und viele mit Zucker angereicherte Fertigprodukte wahnsinnigen Stress für die überanstrengte Drüse. Denn sie enthalten in der Regel eine große Menge an schnellen Kohlenhydraten.

Nüsse: Slow-Carb-Superfood

Als wahres Superfood für Diabetiker haben sich laut einer neueren Studie die Nüsse erwiesen. Obwohl Nussesser in dieser Studie fast 10 % mehr Kalorien aufnahmen, waren sie im Vergleich zu den Nussabstinenzlern

---

PISTAZIEN & CO.

Für Pistazien konnte wie für Mandeln und Walnüsse nachgewiesen werden, dass tägliche Portionen den HbA1c um 0,4 %-Punkte beziehungsweise den nüchternen Blutzuckerwert um 16 mg / dl absenkt. Diese Nüsse sind damit ein natürliches Antidiabetikum, das auch noch beim Abnehmen hilft. Was will man mehr?

um 2 Kilo leichter, hatten einen geringeren Taillenumfang, einen niedrigeren Blutdruck und bessere Blutfettwerte. Überdies haben sie mehr Ballaststoffe und bessere Fette zu sich genommen. Übrigens: Von allen Nusssorten liefern Mandeln am meisten Ballaststoffe. Die ovalen Kerne sind also Slow Carb vom Feinsten!

Diese Untersuchung wie auch andere Studien zeigen eindeutig, wie vorteilhaft artgerechte Ernährung für uns Menschen ist. Wie beim Gemüse können Sie bei Nüssen theoretisch so viel essen, bis Sie satt sind. Also keine Sorge vor zu hohem Nuss- oder Gemüsekonsum. Im Gegenteil – diese Slow-Carb-Lebensmittel verdrängen dank ihrer guten Sättigung sogar noch den Appetit auf alles, was dick macht.

Erst Eiweiß, dann Kohlenhydrate essen

Wer zusätzlich die Reihenfolge beim Essen einhält, punktet noch einmal: Wenn Sie zuerst Proteine – am besten aus Pflanzen (siehe Seite 21) – essen, anschließend das Gemüse und zum Schluss eventuelle Kohlenhydrate, können Sie Ihren Blutzuckeranstieg nach dem Essen um bis zu 100 mg / dl senken. Aber Achtung: Vergessen Sie nicht die Lebensqualität. Essen soll auch Spaß machen! In einer weiteren Studie konnte dieser Effekt auch durch 1 EL Molkenprotein vor den Mahlzeiten erreicht werden.

Slow Carb tut allen gut

Slow Carb hält also den Blutzucker niedrig, hilft bei Diabetes und unterstützt die Gewichtsabnahme. Und das ist so, weil dies unsere natürliche Ernährung ist und damit die beste Waffe gegen Zivilisationskrankheiten. Wenn Sie nach diesem Modell essen, handelt es sich nicht um eine Diät, sondern um die ideale Ernährung für alle, die nicht krank werden wollen. Die ganze Familie kann also mit Ihnen essen.

SÜSSEN OHNE ZUCKER

Damit uns die Gene nicht immer wieder zum »Dolce vita« verführen: Erfahren Sie mehr über gesunde Zuckeralternativen!

In den meisten industriell verarbeiteten Lebensmitteln steckt Zucker – Ketchup enthält bis zu 40 %. Sogar gesunde Mandeln werden hauchfein mit bis zu 20 % Zucker überzogen, ohne dass der Kunde es wie bei gebrannten Mandeln sehen kann. Lesen Sie daher immer die Zutatenliste und kaufen Sie im Zweifel das zuckerärmere Produkt. Leider werden nicht nur Zucker, sondern auch andere Zuckerarten zum Strecken von Nahrungsmitteln verwendet. Zum Beispiel lassen Maltodextrin oder Isoglukose auf den ersten Blick nicht an Zucker denken.

ZUCKER AUS TECHNISCHER SICHT

Was macht den Zucker für die industrielle Verarbeitung von Lebensmitteln so attraktiv? Zucker ist billig und erhöht das Verkaufsgewicht. Fatalerweise wird er auch als Fettaustauschstoff in Light-Produkten verwendet. Zuckerreiche und fettarme Light-Nahrungsmittel fördern daher die Gewichtszunahme mehr als fettreiche und zuckerarme. Und wir tappen allzu gern in die Zuckerfalle: Es ist genetisch festgelegt, dass wir Zucker lieben. Denn in Urzeiten waren süße Früchte garantiert nicht giftig und half Zucker, Energie für schlechte Zeiten zu bunkern. Das Verwirrspiel der Industrie geht so weit, dass Sie dem Aufdruck »weniger Zucker« nicht trauen dürfen – gemeint ist damit nur der billige Haushaltszucker. Dafür sind oft umso mehr Zuckeraustauschstoffe – die ebenso Kohlenhydrate sind – eingesetzt. Besonders schlimm ist die Verwendung von Fruchtzucker, der Fruktose.

Natürlich süßen

Viele Bio-Produkte sind zuckerreduziert, zum Beispiel enthält Bio-Ketchup häufig nur halb so viel Zucker wie konventioneller Ketchup. Und verwenden Sie lieber Gewürze zum Verfeinern von Saucen. Denn Gewürze und Kräuter enthalten sekundäre Pflanzenstoffe, die positive Gesundheitseffekte in unserem Körper entfalten. Noch ein Grund, um von Süße auf mehr Würze zu wechseln!

Zuckeraustauschstoffe

Zuckeraustauschstoffe wie Sorbit, Mannit, Maltit, Isomalt, Laktit, Erythrit oder Xylit bieten leider keinen Ausweg. Sie verzögern zwar den Blutzuckeranstieg, sind für den Körper aber trotzdem Kohlenhydrate. Hierzu zählt auch Fruchtzucker (Fruktose), der süßer als Haushaltszucker schmeckt, aber den Blutzuckerspiegel nicht erhöht.

Allerdings fördert er laut Studien die Fett-einlagerung sowie eine Fettleber. Außerdem verträgt nicht jeder Mensch Fruchtzucker, bei manchen kann er in größeren Mengen Durchfall auslösen.

Süßstoffe meiden

Süßstoffe sind zwar kalorienfrei, verderben aber unseren Geschmackssinn. Aber es kommt noch schlimmer: Israelische Wissenschaftler haben vor einigen Jahren in einem Tierversuch nachweisen können, dass Süßstoffe die Darmflora bei Mäusen derart veränderten, dass die Tiere stärker an Diabetes erkrankten. Außerdem haben Tierversuche mit Ratten gezeigt, dass Süß-stoffe zu Gewichtszunahme führen können. Der Süßgeschmack signalisiere dem Körper wohl die Ankunft von Zucker, also Kohlenhy-draten, so die Forscher. Bleibt die erwartete Energiemenge aus, kann dies den Appetit steigern.

Damit ist klar, dass um Light-Produkte ein großer Bogen gemacht werden sollte. Aber ob Stevia der natürliche Ausweg aus dem

Dilemma ist? Jein, die Fachgesellschaften empfehlen einen lediglich sparsamen Ein-satz. Denn wenn wir es in großen Mengen verwenden, lässt Stevia unseren Süßge-schmack auch abstumpfen.

Birkenzucker (Xylit) enthält weniger Kalo-rien und wirkt nicht auf den Blutzucker, ist also geeignet für Diabetiker. Er süßt ähnlich wie Haushaltszucker und lässt sich zum Kochen, Backen und für Desserts einsetzen.

TESTEN SIE ZUCKERFASTEN
Wer eine Zeit lang bewusst auf Zucker verzichtet, kann sich den Süßhunger abtrainie-ren. Lassen Sie vier Wochen zuckerreiche Lebensmittel und Zucker weg und spüren Sie, wie sich Ihr Geschmackssinn verfeinert. Unmengen von Zucker in unserer Ernäh-rung haben Ihren Süßsinn abstumpfen lassen. Geben Sie ihm die alte Empfindlichkeit zurück. Sie werden merken, wie extrem süß eine Cola oder eine Nuss-Nougat-Creme plötzlich schmeckt. Bleiben Sie danach bei dieser neuen Geschmacksempfindung!

PFLANZLICHES CONTRA TIERISCHES EIWEISS

Welches Eiweiß ist am gesündesten? Bei diesem Wettkampf sind am Start: Protein von Pflanzen, Geflügel, Fisch und rotem Fleisch.

Und es gibt einen klaren Gewinner: Aus Langzeitstudien wissen wir, dass sich die Sterblichkeit durch einen um 10 % gesteigerten Verzehr von tierischem Eiweiß um 2 % erhöht. Das ist bei Pflanzeneiweiß nicht so. Die Ursache könnte unter anderem darin liegen, dass Menschen, die mehr pflanzliches Eiweiß verzehren, sich insgesamt gesünder ernähren. Denn auch Menschen mit Diabetes und Übergewicht profitieren von mehr Pflanzeneiweiß auf dem Teller.

SPITZE: PFLANZENEIWEISS

Wichtig ist jedoch, mit welchem Beiwerk die Eiweiße in den jeweiligen Lebensmitteln von Natur aus kombiniert sind: Wer pflanzliches Eiweiß zu sich nimmt, bekommt sie meist im Paket mit den vielen gesundheitsfördernden sekundären Pflanzenstoffen und Ballaststoffen. Vor allem Hülsenfrüchte, wie Bohnen oder Linsen, enthalten reichlich Ballaststoffe – ein Grund mehr, sie regelmäßig zu essen. Darüber hinaus sind sie eine Quelle für gesunde Fettsäuren.

Es folgen: Fisch und Fleisch

Bei der Reihenfolge der gesunden tierischen Proteine hat ganz klar Fischeiweiß die Nase vorn, denn (besonders fette See-)Fische liefern gleichzeitig gesunde Omega-3- und Omega-6-Fettsäuren sowie Jod. Geflügelfleisch steht auf Platz 3 – noch vor rotem Fleisch, für Letzteres wird eine maximale Verzehrmenge von 80 g pro Tag empfohlen. Grund sind möglicherweise krebs-

---

BIOLOGISCHE WERTIGKEIT

Die Rate, wie gut ein Eiweiß vom menschlichen Körper verwertet werden kann, nennt man biologische Wertigkeit. Die höchste biologische Wertigkeit besitzt Vollei mit dem Referenzwert 100, gefolgt von Milch mit 91, Kartoffeln 89, Soja 86, Rindfleisch und Reis 83, Bohnen 71 und Weizen mit 59.

fördernde Wirkungen von rotem Fleisch. Das Schlusslicht bilden Wurstwaren. Sie erhöhen durch die starke Verarbeitung das Krebsrisiko. Leider liefert tierisches Eiweiß oft auch viele gesättigte Fettsäuren, die im Übermaß ungesund sind (siehe Seite 22).

Vegetarier und Veganer aufgepasst

Für ein Minimum an Tiereiweiß sprechen die lebensnotwendigen B-Vitamine, die vor allem im Fleisch vorkommen, wie zum Beispiel das Vitamin B$_{12}$. Die gesunde Mischung ist am besten – und vom Pflanzeneiweiß darf es etwas mehr sein. Wer auf seine Vitaminaufnahme achtet, kann sich auch fleischlos ernähren. Eine rein vegane Ernährung ist für spezielle Gruppen jedoch kritisch, beispielsweise für Schwangere, Stillende, Kinder oder Senioren.

DER EIWEISSMIX MACHT'S

Für einen gesunden Mix spricht auch, dass die Kombination von Pflanzen- und Tiereiweiß zu einer besseren Aufnahme bestimmter Aminosäuren in den Körper im Rahmen der Verdauung führt. Denn pflanzliches Eiweiß enthält oft nicht alle essenziellen Aminosäuren – man spricht hier von der biologischen Wertigkeit (siehe links). Kombiniert man zum Beispiel Kartoffeln mit Ei, erhöht sich die biologische Wertigkeit auf 136. Milch und Weizenmehl schaffen zusammen 125, Milch und Kartoffeln 114. Durch geschickte Kombi werden Getreide, Hülsenfrüchte & Co. also zu Topeiweißlieferanten.

EIWEISSGEHALT VON PFLANZEN (JEWEILS IN G / 100 G)

HÜLSENFRÜCHTE ROH	EIWEISSGEHALT
grüne Bohnen	2 g
Erbsen	7 g
Kichererbsen, getr.	21 g
Kidneybohnen	23 g
Linsen	24 g
Erdnüsse	25 g
Sojabohnen, getr.	35 g

HÜLSENFRÜCHTE, IN KONSERVEN, ABGETROPFT	EIWEISSGEHALT
grüne Bohnen	1 g
Erbsen	4 g
Kidneybohnen	6 g
Linsen	6 g
Kichererbsen	7 g
weiße Bohnen	7 g
Sojabohnen	8 g

SOJAPRODUKTE	EIWEISSGEHALT
Sojamilch	3 g
Sojajoghurt	4 g
Tofu	9 g

GETREIDE & PSEUDOGETREIDE	EIWEISSGEHALT
Reis	7 g
Buchweizen	9 g
Haferflocken	12 g
Quinoa	14 g
Amarant	15 g

NÜSSE UND SAMEN	EIWEISSGEHALT
Kürbiskerne	10 g
Haselnüsse	12 g
Pinienkerne	13 g
Paranüsse	14 g
Walnüsse	14 g
Chiasamen	16 g
Mandeln	19 g
Leinsamen	20 g
Sonnenblumenkerne	22 g

GEMÜSE & PILZE	EIWEISSGEHALT
Tomate	1 g
Möhren	1 g
Aubergine	1 g
Zucchini	2 g
Blumenkohl	2 g
Süßkartoffeln	2 g
Kartoffeln	2 g
Pfifferlinge	2 g
Yamswurzel	2 g
Brokkoli	3 g
Champignons	3 g
Spinat	3 g

Quelle: GU Nährwert-Kalorien-Tabelle. Angaben sind Durchschnittswerte und unterliegen natürlichen Schwankungen.

GUTE FETTE – SCHLECHTE FETTE

Unser Körper benötigt Fette und Öle aus der Nahrung für zahlreiche Aufgaben – die gesunden Vertreter dürfen auf dem täglichen Speiseplan nicht fehlen!

Die meisten Mythen ranken sich um Fett. Jahrzehntelang galt es als Dickmacher. Das ist nun vom Tisch, bei Nussessern konnte das Gegenteil bewiesen werden (siehe Seite 16 f.). Wichtig ist, »gute Fette« zu verwenden mit einem hohen Anteil an hochwertigen mehrfach ungesättigten Fettsäuren. Gesättigte Fettsäuren dagegen zählen zu den »schlechten Fetten« – ebenso wie gehärtete Fette oder Transfette. Letztere sind vor allem in Backwaren und erhitzten Fertignahrungsmitteln enthalten.

HOCHWERTIGE OMEGA-FETTSÄUREN

Zu den mehrfach ungesättigten Fettsäuren zählen die Omega-3-Fettsäuren (wie in fettem Seefisch) und Omega-6-Fettsäuren (wie in Sonnenblumenöl). Diese sind für unseren Körper lebensnotwendig beziehungsweise »essenziell«, weil er sie nicht selbst herstellen kann, aber benötigt, um Zellwände zu bilden, Blutdruck und Cholesterinspiegel zu steuern und Entzündungen zu regeln.

Wichtig: Omega-6 zu Omega-3

Allerdings stimmt bei den Fettsäuren die Regel »viel hilft viel« nicht. Ausschlaggebend ist sowohl das Verhältnis von gesättigten und ungesättigten Fettsäuren in einem Lebensmittel als auch die Verteilung zwischen Omega-3- und Omega-6-Fettsäuren. Die besten Verhältnisse weisen Leinöl, Weizenkeimöl, Hanföl und Walnussöl auf. Nicht ganz so gut im Fettsäureverhältnis schneidet Olivenöl ab. Allerdings sollte es

---

ÖLE MIT PREMIUMQUALITÄT

Bei guten Ölen wie Lein-, Hanf- und Walnussöl ist Zurückhaltung fehl am Platz. Wer es richtig machen will, achtet bei diesen Ölen auf die ökologische Herkunft und Produktion. Sie sollten auch möglichst kalt gepresst sowie unter Ausschluss von Licht, Hitze, Sauerstoff hergestellt worden sein. Bezeichnungen wie »Omega-Safe« oder »Oxyguard-Verfahren« garantieren dieses schonende Verfahren, das einen hohen Gehalt an Omega-3-Fettsäuren im Öl bewahrt.

wegen seines typischen Geschmacks und der gesundheitsfördernden Polyphenole in der täglichen Küche trotzdem nicht fehlen.

Das richtige Öl zum Braten

Leider sind hochwertige Öle nicht hoch erhitzbar. Besonders Lein- und Hanföl gehören ausschließlich in die kalte Küche und sollten auf keinen Fall erhitzt werden. Als Bratöl eignen sich eher Kokosfett, Erdnussöl und Butterschmalz – oder das gesündere Rapsöl. Letzteres sollte allerdings auch nicht zu stark erhitzt werden. Denn fängt das Öl in der Pfanne an zu rauchen, entstehen ungesunde Transfette.

WO FETTE POSITIV WIRKEN

Eine fetthaltige Mahlzeit kann helfen, den Blutzuckeranstieg nach dem Essen zu verlangsamen. Denn Fett im Essen verzögert die Verdauung: Der gesamte Speisebrei gelangt nicht so schnell aus dem Magen in den Darm und damit sind auch die mitgegessenen Kohlenhydrate »langsamer«. Ein wichtiger Pluspunkt für Diabetiker!
Auch als Geschmacksträger leisten Öle wertvolle Dienste. Außerdem helfen sie als Transportmittel für die fettlöslichen Vitamine A, D, E und K und bilden Vorstufen für die körpereigene Hormonproduktion.

Streitpunkt tierische Fette

Mittlerweile wurden viele tierische Fette rehabilitiert. Zwar sind sie nicht so gesund wie die Pflanzenöle, allerdings ist zumin-

dest bewiesen, dass durch tierische Fette das Risiko für Herz-Kreislauf-Erkrankungen nicht ansteigt. Milchfette nehmen einen Sonderstatus ein: Sie führen nicht zu Gewichtszunahme und die natürlichen Transfette aus der Butter sind nicht so schädlich wie jene aus industrieller Herstellung.

Transfette meiden

Letztere sind definitiv ungünstig für die Gesundheit, weil sie laut Studien das Risiko für Fettstoffwechselstörungen und Herz-Kreislauf-Erkrankungen erhöhen. Außerdem vermutet man, dass Transfettsäuren aus industrieller Herstellung die Insulinresistenz fördern. Also Finger weg von Nuss-Nougat-Creme, Billigmargarine, Frittiertem, Kartoffelchips, Keksen oder Fertig-Blätterteig – greifen Sie lieber zu Nussmusen (siehe Seite 121), Butter und selbst gemachten Snacks oder Gebäck.

ESSEN UNTERWEGS – CLEVER TAUSCHEN

Gesunde Ernährung ist auch unterwegs oder auf Reisen keine Zauberei. Mit einfachen Tipps kommen Sie gut durch den Tag und meistern jede Feier!

Wer unterwegs vor Überraschungen gefeit sein will, sorgt am besten vor. Unbekanntes Essen bringt für Diabetiker mit Insulinbehandlung die Gefahr von Blutzuckerschwankungen oder gar Unterzuckerungen mit sich. Das lässt sich vermeiden.

GESUNDER PROVIANT IM RUCKSACK

Das klassische Vollkornbrot mit Käse, zwei geschälten Möhren, einem Apfel, einem Früchtequark, einem Ei oder der Tüte Nüsse: So können Sie den Kohlenhydratversuchungen unterwegs besser widerstehen und vermeiden unnötige Blutzuckerspitzen. Eine Flasche Wasser oder eine Thermoskanne mit Tee oder Kaffee rundet Ihren Proviant ab. Praktischer Tipp: Für den Sommer gibt es für temperaturempfindliche Speisen isolierende Behälter oder kleine Kühltaschen fürs Auto.

Insulin zum richtigen Zeitpunkt

»Erst essen, dann spritzen« – das ist die wichtigste Regel im Restaurant, weil Sie nicht wissen, wann das Essen serviert wird oder – noch schlimmer – ob es Ihnen überhaupt schmeckt. Wenn Sie vorher gespritzt haben, bleibt Ihnen nichts anderes übrig, als wenigstens die Kohlenhydrate zu essen, um eine Unterzuckerung zu vermeiden. Exotische Speisen oder Früchte sowie neue Gerichte im Ausland vergleichen Sie am besten mit Ihnen bekannten Rezepten. So nähern Sie sich der Insulindosierung an.

Essen im Restaurant

Meiden Sie im Restaurant unklar beschriebene Gerichte mit Saucen oder Aufläufe ebenso wie panierte Speisen. Bei Fertigdressings können Sie meist von einem hohen Zuckergehalt ausgehen. Wählen Sie lieber eine Essig-Öl-Vinaigrette. Wenn die

---

BE-LISTEN AUF PAPIER UND SMARTPHONE

Hilfreich sind auch BE-Apps oder -Listen wie die Kohlenhydrat-Austauschtabelle in »BE bequem berechnet« oder »Diabetes-Ampel« (siehe Seite 180). Insulinbehandelte Diabetiker sollten lieber einmal mehr messen, um Schwankungen zu erkennen.

nicht auf der Speisekarte steht, bitten Sie den Kellner um Essig und Öl oder lassen Sie sich eine Vinaigrette mischen.

Am sichersten fahren Sie mit Salat, Rohkost, Fisch- oder Hähnchenfilet mit Gemüse und Reis – Nudeln, wenn Sie mögen. Vermeiden Sie nach Möglichkeit zuckerreichen Ketchup, Pommes frites aufgrund der schlechten Fettqualität ebenso wie Croissants oder süßes Gebäck.

Gesunde To-Go-Snacks

Wer berufstätig oder viel unterwegs ist, entkommt kaum den vielen Snackangeboten am Straßenrand: Egal, ob Bäcker, Döner-Bude oder Sushi-Bar – auch bei gekauften Snacks lässt sich gesund wählen. Wichtig: Fette Saucen wie Mayonnaise oder Remoulade meiden und Weißmehlbrötchen gegen Vollkorn tauschen oder einfach weglassen. Für den größten Hunger bietet es sich an, immer ein paar Nüsse oder Kerne dabeizuhaben. Und wieso nicht mal Rohkoststicks, Käsewürfel oder Oliven einpacken und unterwegs snacken? Gegenüber Obst sind sie im Vorteil, weil sie keinen Fruchtzucker enthalten. Weitere Ideen für Gerichte, die Sie besser meiden, und andere, die Sie dafür wählen können, finden Sie in der Umschlaginnenklappe vorne.

ENTSPANNT FEIERN

Und lassen Sie sich das Feiern bitte nicht vom Diabetes vergällen. Denken Sie daran: Verbote gibt es nicht mehr. Sie können alles

essen. Sie müssen nur die Blutzuckerwirksamkeit der jeweiligen Lebensmittel bedenken. Eventuell informieren Sie den Gastgeber darüber, dass Sie Diabetes haben, damit auch zuckerarme Alternativen für Sie zur Verfügung stehen.

Zwei Gläser sind erlaubt

Bei den Getränken wählen Sie eher trockene Alkoholsorten. Allerdings ist trockener Sekt immer noch zuckerreicher als trockener Wein. Damit der Blutzucker nicht in ungeahnte Höhen schießt, lassen Sie Softdrinks mit Zucker lieber stehen. Und nicht vergessen: Die 2-Gläser-Regel (siehe Seite 27) bewahrt Sie auch bei Feiern vor der Blutzucker-Achterbahnfahrt. Das gilt allerdings nur für Diabetiker, die Insulin spritzen. Wer nicht spritzt und keine Medikamente nimmt, die Unterzucker hervorrufen können, für den gelten die normalen Empfehlungen.

GESUNDE GETRÄNKE –
IN RICHTIGEN MENGEN

Flüssigkeitsmangel kann die geistige und körperliche Leistung stark herabsetzen. Das darf Sie jedoch auch nicht dazu veranlassen, zu viel zu trinken.

Große Mengen Wasser, über einen längeren Zeitraum genossen, belasten sogar die Nieren. Es gab bereits Todesfälle bei Sportlern, die zu viel Wasser getrunken und so die Mineralstoffe im Blut zu stark verdünnt haben. 1,5 l pro Tag gelten als ideal. Pro Stunde schweißtreibende Tätigkeit sind 500 ml zusätzlich sinnvoll.

ALLTAGSRITUALE VERANKERN

Gerade im Alter kann das Durstgefühl nachlassen. Deshalb sollten Sie sich früh daran gewöhnen, eine festgesetzte Menge schon am Vormittag zu trinken. Stellen Sie sich

LIMONADE SELBST MACHEN
Dafür je 2 Stängel Minze und Basilikum, 1 Stängel Rosmarin, 3 Erd- und 5 Brombeeren waschen, mit dem Saft von 1 Orange und ½ Zitrone sowie 1 l Wasser mischen und 6 Std. im Kühlschrank ziehen lassen. Das überzeugt mit wenig Zucker und viel Geschmack!

eine Teekanne auf den Bürotisch oder eine Wasserkaraffe in die Küche. Diese muss im Tagesverlauf leer werden. Mit solchen Ritualen verhindern Sie auch, dass Ihr Körper Flüssigkeitsmangel als Appetit umdeutet und Sie zu fatalen Snacks verleitet. Außerdem leistet regelmäßiges Trinken einen guten Dienst bei der Magendehnung. Damit werden Hungerhormone unterdrückt.

Zuckerfrei – Schluck um Schluck

Natürlich sollten Getränke absolut zuckerfrei sein. Denn der tägliche Genuss eines gesüßten Softdrinks verdoppelt das Diabetesrisiko innerhalb von fünf Jahren! Übergewicht und Diabeteshäufigkeit steigen in allen westlichen Ländern parallel mit dem Zuckerkonsum.

Vorsicht bei Softdrinks

Eine besondere Gefahr stellen Limonaden und ähnliche Getränke dar. Pro Glas (ca. 250 ml) enthalten sie rund 16 Zuckerwürfel. 1 l Limonade enthält so viele Kalorien wie eine Hauptmahlzeit. Softdrinks sind flüssige Süßigkeiten und keine Durstlöscher. Gönnen Sie sich ab und zu mal ein

200-ml-Glas in vollem Bewusstsein, es zu genießen. Aber möglichst nicht täglich.

Fruchtsäfte und Nektare

Nicht viel besser stehen Fruchtsäfte da. Sie enthalten fast so viele Kohlenhydrate und Zucker wie Limonaden, besonders wenn sie mit zusätzlichem Zucker versetzt sind – Nektar ist ein Beispiel dafür. Nur bei Säften mit 100 % Fruchtgehalt ist sicher kein fremder Zucker zugesetzt. Pressen Sie ansonsten lieber Ihren eigenen Fruchtsaft oder verdünnen Sie ihn mit Wasser oder Mineralwasser zu einer Schorle.

Koffeinhaltige Getränke

Auch bei Kaffee lauert die Gefahr im Detail: Eine gesüßte Kaffeespezialität kann für den Blutzucker zur Berg-Tal-Fahrt werden. Wenn es unbedingt süß sein muss, nehmen Sie ein bisschen Süßstoff. Besser wäre, den

Kaffee schwarz zu trinken. Denn auch der in Milch enthaltene Milchzucker (Laktose) lässt den Blutzucker ansteigen.

Wein, Bier & Co.

Vorsicht ist bei alkoholischen Getränken geboten – sie unterdrücken nämlich die Gegenregulation bei der Unterzuckerung. Die Leber baut zwar den Alkohol ab, aber dabei stoppt sie auch die Zuckerfreisetzung ins Blut und die Zuckerneubildung – es kann plötzlich zu wenig Zucker im Blut sein! Gerade nach exzessivem Alkoholgenuss drohen daher bei insulinbehandelten Diabetikern schwerste Unterzuckerungen. Diese sollten sich lieber mit etwas erhöhten Blutzuckerwerten schlafen legen.

Außerdem enthält Alkohol sehr viele Kalorien – etwa genau so viel wie Fett. Halten Sie sich daher am besten an die 2-Gläser-Regel: Zwei Gläser eines alkoholischen Getränks sind ohne große Probleme für die Blutzuckereinstellung vertretbar. Am besten Sie wählen trockene Weine als zuckerarme Varianten aus.

Insulin nicht unnötig verschwenden

Natürlich darf bei alkoholischen wie auch bei zuckerhaltigen Getränken die Kohlenhydratmenge nicht mit Insulin abgedeckt werden. Das heißt: Insulin spritzen ist hier keine Lösung, sondern im Gegenteil sogar gefährlich. Ideale Alternativen sind Wasser, Tees und ungesüßter Kaffee. Wenn Ihnen pures Wasser aus der Leitung zu langweilig ist, aromatisieren Sie es natürlich.

DIABETESMYTHEN IM CHECK

Medizinisches Wissen hat eine Halbwertszeit von etwa fünf Jahren – die Umsetzung in die Praxis dauert länger. Kein Wunder, dass viele Mythen über Diabetes kursieren.

LÄNGST GESCHICHTE: EINMAL INSULIN – IMMER INSULIN

Für Typ-2-Diabetiker gilt, dass sich der Stoffwechseldefekt bei verbesserter Lebensweise mit viel Bewegung, gesünderem Essen und Gewichtsabnahme zurückbilden kann. Denn weniger »Mensch« in Kilo benötigt auch weniger Insulin. So kann man seine Insulintherapie wieder loswerden. Insulin ist keine Einbahnstraße! Während Insulin nicht zu früh zum Einsatz kommen sollte, darf der Zeitpunkt für einen Start der Metformin-Therapie nicht verzögert werden. Die Annahme, dass ein leicht er- höhter Blutzuckerwert nicht so schlimm sei, kann äußerst gefährlich werden. Gerade ein in der Anfangszeit und über viele Jahre erhöhter Blutzucker zieht möglicherweise schwere Folgeerkrankungen am Herz-Kreislauf-System oder Nerven-, Nieren- oder Augenschäden nach sich. Metformin sollte deshalb schon bei minimal erhöhten Blutzuckerwerten zum Einsatz kommen – denn es schont die Bauchspeicheldrüse derart, dass sie doppelt so lange durchhält. Neue Studien weisen darauf hin, dass Metformin auch unsere guten Darmbakterien unterstützt und somit gegen Diabetes wirkt.

ZURÜCKHALTUNG BEI SPORT GILT ALS ÜBERHOLT

Viele Betroffene fürchten eine Verschlechterung von Folgeschäden am Auge oder schwere Unterzuckerungen. Durch spezielle Kohlenhydrate vor dem Sport (sogenannte Sport-BE) oder eine Absenkung der Insulindosis kann Unterzucker gut vermieden werden. Angst vor Folgeschäden ist nicht angebracht. Im Gegenteil, Sport kann Folgeschäden sogar vermindern. Das ist für die Nervenschäden nachgewiesen. Doch Diabetiker profitieren noch mehr von körperlicher Bewegung: Der Blutzucker wird nicht nur bei der Bewegung selbst, sondern noch Stunden danach gesenkt. Dieser natürliche Effekt hilft, Medikamente einzusparen. Außerdem macht Sport die Muskulatur empfindlicher für das körpereigene Insulin. Es ist also möglich, dem Insulin oder einer Therapieerweiterung wortwörtlich »davonzulaufen«. Außerdem wirkt Training der verstärkt nach dem 30. Lebensjahr einsetzenden Tendenz zum Muskelabbau entgegen. Sportmediziner raten daher: Vor 40 ist Kraftsport Kür, danach Pflicht.

DASS DIABETES TYP 2 NUR IM ALTER ZUSCHLÄGT, IST NICHT WAHR

Die moderne Lebensweise mit Fehlernährung und Bewegungsmangel gilt seit einigen Jahrzehnten leider schon für das Grundschulalter. Diabetes Typ 2 ist in den Generationen nach vorn gerückt. Während früher die Oma Diabetes mit 70 bekam, sind jetzt die Enkel und Urenkel schon mit 40 dran oder bereits in der Jugend betroffen. In Amerika wurde kürzlich Diabetes Typ 2 bei einem Kleinkind diagnostiziert.

NICHT ALLE DIABETIKER MÜSSEN NACH BE ESSEN

Das gilt lediglich für insulinbehandelte Diabetiker. Alle anderen sollten eher den Kohlenhydratanteil beachten und niedrig halten. Es sei denn, sie treiben viel Sport. Orientierungshilfe bietet eine Ernährung mit reichlich Gemüse und der richtigen Menge an Eiweiß. Zur Info: 1 BE (Berechnungs-/Broteinheit) entspricht wie 1 KE oder KHE (Kohlenhydrateinheit) 10−12 g Glukose beziehungsweise Traubenzucker, zum Beispiel enthalten in 2 Täfelchen Traubenzucker.

DIE INSULINPUMPE NIMMT KEINE BLUTZUCKEREINSTELLUNG AB

Eine Insulinpumpe entspricht einem kleinen Computer, der aufwendig bedient, mit Insulin gefüllt und durch einen kleinen Katheter mit dem Körper verbunden werden muss. Einfacher wird die Insulinbehandlung dadurch in keinem Fall. Und leider denkt die Pumpe auch nicht mit. Blutzuckermessungen sind weiter nötig. Aber wer geschickt damit umgeht, kann seine Einstellung durchaus um einen ganzen %-Punkt oder mehr verbessern.

VEGAN, PALEO, LOW CARB –
welche Foodtrends sind sinnvoll?

**Die Orientierung im Dschungel der Ernährungsmoden ist nicht leicht.
Achten Sie bei der Beurteilung auf die wissenschaftliche Begründung.**

ESSEN WIE IN DER STEINZEIT

Immerhin sieht die bei »Paleo«, der Steinzeit-Diät, ganz vernünftig aus. Der Mensch solle zurück zu seinen Wurzeln und sich so ernähren wie vor Jahrtausenden. Klar ist, dass die heutige westliche Ernährung krank macht. Aber macht die Paleo-Ernährung gesund? Unklar ist, was vor Tausenden von Jahren in welcher Region der Welt gegessen wurde. Obwohl der Mensch ursprünglich ein Pflanzenesser ist, basiert Paleo auf stark fleischlastiger Ernährung. Viel Fleisch und Fisch bringen aber auch viel Purin (kritisch bei Gicht) und zu viele tierische Fette und Eiweiße mit sich. Ausgrabungen zeigen, dass der Frühmensch mehr Pflanzenteile gegessen hat als Tierproteine.

Das Verbot von Milchprodukten macht für nordische Völker keinen Sinn, da sie durch eine Mutation überwiegend in der Lage sind, Milchzucker zu spalten, und Milch gut vertragen. Gut ist es, wenn Sie Weizenprodukte reduzieren. Wogende Weizenfelder kannten die Neandertaler nicht. Weniger Weizen kann bei Übergewicht und Diabetes positive Effekte haben. Allerdings sollten Sie bei Diabetes durchaus auf eine hohe Ballaststoffzufuhr achten – am besten über reichlich Gemüse, Nüsse, Lein- oder Chiasamen. Und es wird fast alles selbst gekocht – keine Chance also für versteckte Zucker und Transfette. Auch ein Plus.

VEGAN

Während vegetarische Gerichte beziehungsweise eine Ernährung mit viel Gemüse durchaus gesund und zu empfehlen sind, fehlt einer streng veganen Ernährung die

wissenschaftliche Begründung. Vielmehr besteht sogar die Gefahr eines Vitamin-B$_{12}$-Mangels. Auch Jod und Kalzium wie andere Spurenelemente (Eisen, Zink) können auf Dauer im Körper knapp werden. Wie alle strikten Verbote ist deshalb die vegane Ernährung für Diabetiker nicht zu empfehlen. Wer rein vegan leben will, sollte sich gut informieren und sehr vielfältig essen, um keine Nährstoffdefizite zu erleiden. Besonders kritisch ist der totale Verzicht auf tierische Produkte für Schwangere und Stillende sowie Säuglinge und sehr kleine Kinder. Fisch-Ei-Vegetarier haben dagegen mit die höchste Lebenserwartung.

LOW CARB PLUS

Anders verhält es sich mit den Low-Carb-Diäten: In zahlreichen Studien konnte nachgewiesen werden, dass der zu hohe Anteil an Kohlenhydraten in unserer Ernährung, der für ein bewegungsreiches Leben gut war, jetzt zu Diabetes, Fettstoffwechselstörungen und Gicht führen kann. Da Diabetes eine Kohlenhydrat-Stoffwechselstörung ist, profitieren vor allem Diabetiker von dieser Ernährungsform. Sie liegt damit deutlich vor der fettarmen Variante oder sogar der gesunden mediterranen Ernährung. Ähnlich wie bei Paleo kann es über einen vermehrten Verzehr von Fleisch allerdings zu erhöhten Blutfettwerten und einer gesteigerten Purinzufuhr kommen. Auf Vollkornprodukte komplett zu verzichten ist ebenfalls kritisch für Diabetiker. Denn die in ihnen enthaltenen langsamen Kohlenhydrate gleichen Blutzuckerschwankungen aus. Ideal ist also »Slow Carb«!

Wer Low Carb mit mediterraner Ernährung kombiniert, fährt nach aktuellen Studien am besten: Gesunde Fette aus Fisch, Öl, Nüssen und viel Gemüse sind die Basis für ein längeres gesundes Leben. Wer keinen Fisch mag, dem liefern Hanf- oder Leinöl ausreichend Omega-3-Fettsäuren. Vollkornprodukte, im Mittelmeerraum weitestgehend unbekannt, passen auch gut zum Konzept.

CLEAN EATING

Hinter diesem amerikanischen Trend verbirgt sich ein gesunder Lebensstil, der mit mehr Bewegung sowie einem nachhaltigen Ernährungsverhalten einhergeht. Die Grundsätze entsprechen der vollwertigen Ernährung – gepaart mit trendigen Zutaten wie Chiasamen, Bulgur oder Superfoods sowie mit modernen Zubereitungsmethoden wie Smoothies. Aufgrund des Zuckergehalts sollten sich Diabetiker auf jeden Fall mehr an Gemüse statt an Obst halten – auch beim Smoothie sollte der Hauptteil aus Gemüse bestehen: So kann er den Blutzucker nicht so leicht nach oben ausbrechen lassen. Die Empfehlung von sechs Mahlzeiten pro Tag ist für Diabetiker eher kontraproduktiv: Denn die Zwischenmahlzeiten stören den Insulinhaushalt. Positiv: Es wird viel selbst gekocht … und weniger verarbeitete Lebensmittel lassen den Blutzucker kaum ansteigen.

ABNEHMEN – GEWUSST WIE

Ein gesundes Körpergewicht unterstützt das Leben mit Diabetes. Wählen Sie zum Abnehmen zielführende Diäten.

Vergessen Sie Kalorien, Fettpunkte und alles, was Sie über Diäten wissen. Drücken Sie den Resetknopf! Diäten führen oft nur zum Jo-Jo-Effekt. Da kann man zum Beispiel in einer Woche bis zu 3 Kilo Muskelmasse abbauen – mehr als Fett, Jo-Jo-Effekt inklusive. Auch Formula-Diäten helfen ohne Ernährungsumstellung nicht, ebenso wenig Appetitzügler: Fast alle sind entweder so gut wie wirkungslos oder wegen Nebenwirkungen vom Markt verschwunden. Zielführend ist die 20:80-Diät (siehe rechts).

Pausen zwischen den Mahlzeiten

Lassen Sie den Insulinspiegel immer wieder richtig runterkommen – erst dann ist Fettabbau möglich. Laut Studien haben zwei bis maximal drei Mahlzeiten die beste Chance auf einen Gewichtsverlust. Gern können Sie auch Mahlzeiten auslassen oder einmal ein oder zwei Tage fasten – wie beim »Intervallfasten«. Nach zwei Tagen besteht allerdings die Gefahr, dass wegen des Eiweißmangels die Muskulatur langsam abgebaut wird. Wer länger fastet, sollte zumindest eine kleine Eiweißmenge täglich essen.

INFO

WORAUF BERUHT DIE 20:80-DIÄT?

Der wichtigste Grundsatz beim Abnehmen ist Zufriedenheit und Sattheit. Wenn man nicht satt ist, schüttet der Körper das Hungerhormon Ghrelin aus, damit man sich etwas zu essen beschafft – ein Sicherheitsmechanismus gegen Hunger, die größte Gefahr in der Urzeit. Das Erfolgsrezept dagegen: der richtige Mix aus hochwertigem Eiweiß, gesunden Fetten und langsamen Kohlenhydraten, wie er in der 20:80-Diät umgesetzt ist. Dabei sollte der Teller wie im Bild dargestellt gefüllt sein. Machen Sie sich das eigene Essverhalten bewusst – am besten durch ein Essprotokoll, das Sie 1–2 Wochen führen. Schauen Sie sich am Ende jeden Tages an, wie viel Eiweiß Sie gegessen haben. Wenn zu wenig Protein oder magenfüllendes Gemüse dabei war, werden Sie schon nach 2 Stunden wieder hungrig gewesen sein. Nehmen Sie daher jeden Tag eine Ihrem individuellen Bedarf entsprechende Menge Eiweiß aus Ei, Milch und Milchprodukten, Fleisch, Fisch oder Hülsenfrüchten zu sich.

CLEVER KOMBINIERT AUF DEM TELLER

20 %
NUDELN, KARTOFFELN,
REIS, BROT SOWIE HOCH-
WERTIGE ÖLE UND FETTE

30 %
FLEISCH, FISCH, EIER,
MILCH, MILCHPRODUKTE
UND HÜLSENFRÜCHTE

50 %
GEMÜSE, SALAT
UND PILZE

AUCH FÜR DIABETIKER GILT:
Achtsamkeit und Gelassenheit

Im Zentrum des Lebens mit Diabetes stehen die Ernährung, eventuell Medikamente und ausreichend Bewegung. Ebenso wichtig: ein bewusster Umgang mit dem Alltag.

Säule Nummer drei für eine Gewichtsabnahme und die Verbesserung der Blutzuckereinstellung bei Diabetes besteht neben Essen und Sport aus Verhalten und Psyche: Ich erlebe immer wieder, dass Diabetiker in der Theorie alles wissen, was mit richtigem Essen zu tun hat. Aber sie kommen mit dem psychischen Hintergrund des Essens nicht zurecht, fühlen sich ferngesteuert oder überfordert und können nicht umsetzen, was sie sich vorgenommen haben. Manche Menschen spüren das, manche nicht.

DIABETES AKZEPTIEREN

Der Alltag mit Diabetes kann rein praktisch den Betroffenen einiges abverlangen: Gesund essen, auf Kohlenhydrate und Eiweiß achten, viel bewegen, regelmäßige Arztbesuche – dazu der »ganz normale Wahnsinn«

---

7 ARTEN VON HUNGER

Machen Sie sich bewusst, warum Sie essen. Lernen Sie sich selbst besser kennen.

1. Augenhunger (visuelle Anreize, wie Bierwerbung, danach Gang zum Kühlschrank)
2. Nasenhunger (Geruchssinn, man riecht Kuchen und bekommt Lust darauf)
3. Mundhunger (Verlangen nach angenehmen Empfindungen im Mund, wie Gummibärchen, bestimmte Geschmacksvorlieben)
4. Zellhunger (der eigentliche, sinnvolle Hunger, der die Bedürfnisse des Körpers stillt)
5. Magenhunger (z. B. die Leere des Magens spüren. Problem: Durst oder Hunger, weil Magen leer?)
6. Geistiger Hunger (z. B. vermeintliche Infos über gesundes Essen, Diätregeln)
7. Herzhunger (z. B. emotional beladene Verhaltensweisen: Essen als Belohnung nach Krankheit, bei Geselligkeit)

Bewusst und achtsam essen

Bei dem Konzept »Achtsames Essen« geht es darum, die verschiedenen Formen des Hungers (siehe links) zu differenzieren und zu erkennen, warum wir was und wie viel essen, und die Hungerarten zu trennen. Nur dann können Sie angemessen und gesund auf die Hungerarten reagieren. Machen Sie sich das klar und schalten Sie den Autopiloten beim Essen aus. Übernehmen Sie das Steuer! Denken Sie daran, dass Sättigung 20 Minuten braucht. Lassen Sie Ihrem Körper Zeit, Sattheit zu empfinden. Sie können das achtsame, langsame Essen lernen, indem Sie die sechs Regeln trainieren. Nehmen Sie Kontakt mit Ihrem Körper auf. Dabei helfen auch Meditation, Yoga oder autogenes Training. Kurse finden Sie bei Volkshochschulen oder Krankenkassen.

an jedem Tag. Wer sich darauf einstellt, kommt wie bei anderen Krankheiten auch leichter damit zurecht. Das geht oft nicht von heute auf morgen, eine akzeptierende Einstellung lässt sich trainieren – zum Beispiel durch Achtsamkeitsübungen.

Stressreduktion lindert Beschwerden

Die Methode der »Mindfulness-based Stress Reduction« (MBSR) wurde vor sechzig Jahren von Jon Kabat-Zinn in Amerika entwickelt. Sie ist Standard bei chronischen Erkrankungen, wirkt schmerzlindernd, stimmungsaufhellend und kann auch helfen, richtig und bewusst zu essen. Das Konzept setze ich bei Diabetes und Übergewicht ein, es heißt »Achtsames Essen«. Denn Übergewichtsbehandlung sollte Essen, Bewegung und Psyche einschließen. Suchen Sie nach MBSR-Kursen – die Krankenkassen übernehmen zum Teil die Kosten.

6 REGELN FÜR ACHTSAMES ESSEN

1. Langsam und mit kleinen Pausen essen.
2. Langsam trinken.
3. Besteck ablegen.
4. Essen mit der nicht dominanten Hand oder mit Stäbchen essen.
5. Die richtige Menge essen. Halten Sie Maß, denken Sie an Ihre Energiebilanz.
6. Achtsames und bewusstes Ersetzen oder Fasten beziehungsweise Weglassen von Mahlzeiten.

EXPRESSKÜCHE DIABETES –
schnell was Gesundes auf dem Teller

Auch wenn Sie bei Diabetes auf die Ernährung besonderen Wert legen sollten – mit »schnellen« Produkten geht es ganz einfach und unkompliziert.

Die gesunde Küche, nicht nur für Diabetiker, basiert auf viel Gemüse. Leider hat sich der Gemüseanteil in Deutschland stetig verringert – zugunsten von viel Brot, Reis, Nudeln und Co. Viele Gerichte und Zubereitungsideen für Gemüse – auch aus der traditionellen Küche – sind in Vergessenheit geraten. Gemüse war bei unseren Vorfahren ein wichtiger, weil auch preiswerter Sattmacher. Nach und nach verändert sich jedoch das Bewusstsein wieder – die Verkaufszahlen für Hülsenfrüchte steigen langsam.

Wenn Sie der Empfehlung zu reichlich Gemüse folgen, können Sie bereits viel Zeit sparen. Denn viele Sorten schmecken auch als klein geschnittene Rohkost lecker. Wer Gemüse lieber gegart isst, kann bereits beim Schnippeln das Wasser im Topf aufkochen oder die Pfanne vorheizen. Zuerst kommen dann festere Gemüsesorten wie Möhren oder Brokkoli in den Topf, später können Sie zartere Sorten wie Bohnen dazugeben und nur noch kurz mitgaren. Tipp: Salz erst ins Wasser geben, wenn es bereits sprudelnd kocht – denn Salzwasser benötigt rein chemisch länger zum Sieden.

TIEFGEKÜHLTES SPART ZEIT

Tiefkühl-Gemüse ist eine gute Alternative für Eilige, denn Sie sparen sich das langwierige Putzen und Schnippeln (siehe Kasten rechts). Verwenden Sie dabei am besten natürliches Gemüse ohne Konservierungsstoffe und keine fertig gewürzten Mischungen – sie enthalten meist Stärke und Zucker.

VORGEGART GEHT GANZ FIX

Greifen Sie in der Expressküche auch öfter mal auf eingekochte Hülsenfrüchte zurück: aus der Dose oder dem Glas. Übrigens müssen rote Linsen nicht vorher über Nacht eingeweicht werden. Bei anderen getrockneten Hülsenfrüchten ist das schon notwendig – also rechtzeitig daran denken. Mit einem Dampfdruckkochtopf sind die kleinen Proteinbomben ganz fix gegart.

Alles in einen Topf

Äußerst praktisch sind auch Rezepte, wo alle Zutaten in einem Topf oder einer Pfanne garen – wie bei Suppen, Eintöpfen oder Gemüse-Fleisch-Pfannen. Ebenso sparen auch Aufläufe oder Gemüsepäckchen mit

Käse oder Fisch Zeit: Einfach alles in eine Form schichten oder in Papier packen, ab in den Ofen – und inzwischen können Sie aufräumen oder etwas anderes machen.

FLEISCH UND FISCH

Schnell zubereitet sind diejenigen Teile, die sich zum Kurzbraten eignen: Filetstücke, Minutenschnitzel oder auch Hackfleisch. Vor allem bei Fisch sparen Sie Zeit, wenn Sie ihn ohne Panade zubereiten.

Vorsicht bei Saucen

Fertigsaucen und Würzpasten enthalten oft versteckte Kohlenhydrate. Bei gekauftem Pesto kann ein Teil des Käses durch Kartoffelmehl oder Weizengrieß ersetzt sein. Eine schnelle Sauce können Sie im Handumdrehen herstellen, indem Sie Fleisch, Fisch oder Gemüse mit etwas Brühe ablöschen und nach Belieben noch etwas Tomatenmark mit andünsten. Zum Schluss noch etwas Sahne oder Frischkäse dazu, frische Kräuter und Gewürze runden alles ab – diese jedoch am besten erst zum Servieren dazugeben, damit sie ihr Aroma behalten.

IM VORAUS PLANEN

Legen Sie sich bei haltbaren Produkten kleine Vorräte an – dann können Sie jederzeit loslegen. Wenig Arbeit machen Lebensmittel wie Gemüse, Kräuter und Obst aus der Tiefkühltruhe sowie Gläser oder Dosen mit Tomaten, Hülsenfrüchten (Kichererbsen, Linsen, Bohnen) oder Mais. In der Speisekammer sollten außerdem immer Getreideprodukte wie Flocken oder Reis sowie Nüsse und Kerne vorhanden sein.

Selbst einkochen und einfrieren

Alternativ können Sie sich natürlich auch selbst Vorräte aus Obst und Gemüse anlegen. Die sind dann meist vorgegart und müssen nur noch kurz erwärmt werden. Wer Muße hat, sich regelmäßig ein gesundes Brot selbst zu backen, findet dazu Rezepte im Buch (siehe Seite 60 ff.). Sie halten sich in der Regel mehrere Tage und bieten zusammen mit selbst gemachten Aufstrichen, die lassen sich auch auf Vorrat anrühren, gesunde Mahlzeiten. Reifes Obst und Gemüse in der Saison lässt sich gut portionsweise einfrieren. Und Sie können natürlich auch für den nächsten Tag vorkochen.

FREISPRUCH FÜR TIEFKÜHLKOST

Entgegen oft geäußerter Bedenken übertrumpft tiefgekühltes Gemüse und Obst in punkto Frische und Geschmack oft frische Ware. Denn teilweise dauert die Verarbeitung nach der Ernte nicht länger als 4–5 Stunden – und damit kann der Vitamingehalt von Brokkoli, Spinat oder Möhren sogar höher sein als bei Selbstgekochtem.

KÜCHENHELFER, DIE ZEIT SPAREN

Auch mit praktischen Küchengeräten lässt sich
eine Menge Zeit sparen. Wenn Sie auf Dauer für
eine bessere Blutzuckereinstellung auf mehr
gesunden Genuss umsteigen wollen, muss es
in der Küche ruck, zuck gehen.

SMOOTHIEMAKER

Dieser Klassiker für die
gesunde Gemüse-Obst-
Küche darf nicht fehlen.
Gewaschenes Gemüse
oder Obst oben rein,
kurz mixen – und fertig
ist der gesunde Smoothie!
Rezepte dazu finden Sie
auch im Buch
(siehe Seite 79).

STABMIXER

Damit bereiten Sie leckere Suppen
oder Fruchtmus im Handumdrehen
zu – am besten in einem hohen
Rührbecher oder Topf.

DAS PLUS:
Der Stabmixer lässt
sich nach der Benut-
zung schnell reinigen!

SPIRALSCHNEIDER

Ein Must-have für die Gemüse-
küche. Sie stellen so superschnell
Nudeln aus festem Gemüse her.
Diese punkten mit wenigen Kohlenhydraten und schmecken auch
in Kombination mit normalen
Nudeln sehr gut (siehe Seite 156).

(siehe Seite 156)

SCHNEIDEBRETT

Gönnen Sie sich ein großes
Schneidebrett mit erhöhtem
Rand, damit Saft oder klein
geschnittene Stücke nicht auf
die Arbeitsfläche rutschen.

GEMÜSEHOBEL

Gemüsehobel und -reiben
sowie Küchenmaschinen
mit Einsatz eignen sich
zum Raspeln von Gemüse
für Salate und verkürzen
die Zubereitungszeit auf
wenige Minuten. Selbst
gemachte Essig-Öl-Vinai-
grette darüber – und fertig
ist der leckere Salat.

SPARSCHÄLER

MESSER

Basics sind scharfe Messer und Sparschäler,
sonst wird das Schnippeln und Schälen schnell
zur Qual. Also Messerschärfer kaufen und
stumpfe Messer schärfen oder beherzt wegwer-
fen. Gute Qualität zahlt sich aus!

GESUND GENIESSEN

bei Diabetes

Gute Nachricht für alle Diabetesbetroffenen:
Gesunde und leckere Gerichte selbst kochen ist
ganz einfach – mit gut 100 schnellen Rezepten,
die alle nur maximal 30 Minuten Arbeitszeit
benötigen und ruck, zuck auf dem Tisch stehen.
So können Sie ganz entspannt etwas für Ihre
Gesundheit und Ihr Wohlbefinden tun. Egal, ob
Frühstück, Mittagessen oder Kaffeetafel – hier
finden Sie praktische Gerichte, perfekt auf das
tägliche Kochen und Backen abgestimmt!

KÖRNIGER FRISCHKÄSE

mit Papaya und Pistazien

200 g Papaya
400 g körniger Frischkäse
5 Stängel Zitronenmelisse
2 EL Pistazienkerne
2 TL Mineralwasser mit
Kohlensäure
2 TL Limettensaft

Für 2 Personen
15 Min. Zubereitung

Nährwert pro Portion:

ca. 300 kcal
27 g EW
16 g F
8 g KH

1 Die Papaya halbieren und die Kerne entfernen. Das Fruchtfleisch schälen und in kleine Würfel schneiden. Die Papayastücke mit dem Frischkäse in einer Schüssel vorsichtig mischen.

2 Die Melisse waschen und trocken tupfen, die Blätter von 2 Stielen abzupfen und grob hacken. Die gehackte Melisse, 1 EL Pistazienkerne, Mineralwasser und Limettensaft unter den Frischkäse rühren.

3 Die Frischkäsemischung auf Schälchen verteilen. Die restlichen Melisseblätter abzupfen und darüberstreuen. Mit den übrigen Pistazienkernen garnieren.

TIPP

Körniger Frischkäse – auch Hüttenkäse genannt – eignet sich gut als Zwischenmahlzeit, um lange Wartezeiten bis zum nächsten Essen zu überbrücken. Verwenden Sie ihn als Brotaufstrich statt Butter, Margarine oder Frischkäse – er schmeckt sowohl mit süßen Früchten als auch herzhaft. Das Plus: Hüttenkäse ist extrem kalorienarm (nur 80–90 kcal pro 100 g) – im Vergleich dazu enthält Frischkäse ca. 220 kcal pro 100 g (siehe Seite 75, Tipp).

FRUCHTIG-
FRISCH

EXOTISCHER HAFERPORRIDGE

**je 2 EL zarte und kernige Haferflocken |
1 EL Chiasamen | 200 ml Milch (1,5 % Fett) |
1 Orange | ½ Papaya | 1 TL flüssiger Honig |
150 g Joghurt (1,5 % Fett) | 1 EL Pinienkerne**
Für 2 Personen | 25 Min. Zubereitung

1 Beide Haferflockensorten mit den Chiasamen in einen Topf geben. Die Milch und 100 ml Wasser dazugießen, alles einmal aufkochen und zugedeckt bei schwacher Hitze 5–8 Min. köcheln lassen.

2 Inzwischen die Orange so großzügig schälen, dass auch die weiße Haut mit entfernt wird. Die Filets mit einem Messer zwischen den einzelnen Trennhäuten herausschneiden. Den austretenden Saft auffangen und den Rest der Orange gut ausdrücken. Den Saft unter den Porridge rühren und diesen auf der abgeschalteten Herdplatte noch 3–5 Min. quellen lassen.

3 Währenddessen die Kerne aus der Papaya entfernen, dann das Fruchtfleisch schälen und in feine Streifen schneiden. Den Porridge vom Herd nehmen, mit dem Honig mischen und auf Schälchen verteilen. Die Orangenfilets und Papayastreifen darauflegen und den Joghurt darüber verteilen. Zuletzt den Porridge mit Pinienkernen bestreuen.

Nährwert pro Portion:

ca. 345 kcal		12 g F
14 g EW		36 g KH

PORRIDGE MIT GRANATAPFEL

350 ml Milch (1,5 % Fett) | 100 g kernige Haferflocken | Salz | 1 Päckchen Vanillezucker | 1 mittelgroßer Apfel | 1 EL Rosinen | 1 Granatapfel | 2 Prisen Zimtpulver
Für 2 Personen | 20 Min. Zubereitung

1 Die Milch mit den Haferflocken, 1 Prise Salz und dem Vanillezucker in einen Topf geben und zum Kochen bringen. Dabei ständig umrühren.

2 Den Apfel schälen, vierteln und entkernen. Die Viertel in kleine Stücke schneiden. Die Apfelstücke und die Rosinen zum Porridge geben und alles zugedeckt bei schwacher Hitze 5–8 Min. köcheln lassen. Inzwischen den Granatapfel halbieren und die Kerne herauslösen (siehe Tipp).

3 Zum Servieren den Porridge auf Schälchen verteilen, die Granatapfelkerne darüberstreuen und mit Zimt bestäuben.

TIPP
Granatapfelkerne lassen sich ganz einfach herauslösen, indem man die ganze Frucht am besten in einer Schüssel mit Wasser halbiert und die Kerne von Haut und Schale mit den Fingern abpult.

Nährwert pro Portion:

ca. 415 kcal   7 g F
14 g EW   71 g KH

OVERNIGHT OATS

mit Apfel und Physalis

1 mittelgroßer Apfel | 2 EL kernige Hafer-
flocken | ½ EL Zitronensaft | 2 EL Haselnuss-
kerne | 1 EL Cashewkerne | 1 EL Rosinen |
1 gestr. TL Zimtpulver | 80 g Joghurt (1,5 %
Fett) | 50 ml Milch (1,5 % Fett) | 4 Physalis
**Für 2 Personen | 20 Min. Zubereitung |
12 Std. (über Nacht) Kühlen**

1 Den Apfel waschen, vierteln und entkernen. Die Viertel mit der Schale auf der
Gemüsereibe grob raspeln. Mit den Haferflocken und dem Zitronensaft in einem gut
verschließbaren Gefäß mischen.

2 Die Haselnüsse hacken und mit Cashewkernen, Rosinen und Zimt über die Apfel-
Flocken-Mischung streuen. Dann Joghurt
und Milch unterrühren.

3 Die Physalis von der Hülle befreien,
waschen, halbieren und auf die Oats legen
(nach Belieben die Physalis erst zum Servieren drauflegen). Das Gefäß verschließen
und die Oats ca. 12 Std., am besten über
Nacht, im Kühlschrank ruhen lassen. Am
nächsten Tag servieren.

Nährwert pro Portion:

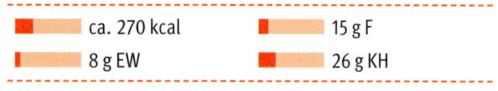

ca. 270 kcal		15 g F	
8 g EW		26 g KH	

DINKEL-NUSS-GRANOLA
mit Honig

80 g Mandeln | 50 g Haselnusskerne |
50 g Cashewkerne | 50 g Kürbiskerne |
80 g zarte Dinkelflocken | 50 g Sonnen-
blumenkerne | 50 g gepoppter Amarant |
50 g Kokoschips | 50 g Leinsamen | 3 EL flüs-
siger Honig | 2 EL Sonnenblumenöl
**Für 600 g (12 Portionen) | 10 Min. Zuberei-
tung | 20 Min. Backen**

1 Den Backofen auf 160° vorheizen. Ein
Backblech mit Backpapier auslegen. Die
Mandeln, Haselnüsse, Cashew- und Kürbis-
kerne grob hacken. Mit Flocken, Sonnen-
blumenkernen, Amarant, Kokoschips und
Leinsamen mischen.

2 Den Honig mit dem Öl in einer großen
Schüssel verquirlen und die Nuss-Flocken-
Mischung gründlich untermischen. Die
Masse auf dem Blech verteilen und im Ofen
(Mitte) ca. 20 Min. rösten. Dabei mehrmals
durchmischen.

3 Das fertig gebackene Granola aus dem
Ofen nehmen und abkühlen lassen. Das
Knuspermüsli in einen Vorratsbehälter
füllen und trocken aufbewahren. Am besten
mit Joghurt oder Milch servieren.

Nährwert pro Portion:

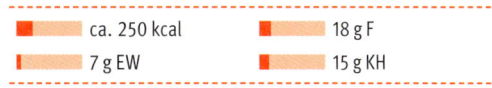

	ca. 250 kcal		18 g F
	7 g EW		15 g KH

SPARGEL-BASILIKUM-OMELETT

mit Parmesan

300 g grüner Spargel
1 Knoblauchzehe
30 g Parmesan (am Stück)
½ Bund Basilikum
1 EL Olivenöl
3 Eier
Salz | Pfeffer

Für 2 Personen
20 Min. Zubereitung

Nährwert pro Portion:

ca. 250 kcal
18 g EW
18 g F
4 g KH

1 Den Spargel waschen, im unteren Drittel schälen und die holzigen Enden entfernen. Den Spargel in etwa 3 cm lange Stücke schneiden. Den Knoblauch schälen und fein hacken. Den Parmesan fein reiben. Das Basilikum waschen, trocken tupfen und die Blätter abzupfen. Einige Blätter zum Garnieren beiseitelegen, den Rest fein hacken.

2 Das Öl in einer beschichteten Pfanne erhitzen und den Spargel darin bei mittlerer Hitze unter Rühren ca. 5 Min. dünsten. Inzwischen die Eier in einer Schüssel verquirlen, Parmesan und gehacktes Basilikum unterrühren und alles mit Salz und Pfeffer abschmecken.

3 Die Eiermischung über den Spargel gießen und alles zugedeckt bei schwacher Hitze 7–10 Min. stocken lassen. Dabei die Pfanne immer wieder leicht rütteln, damit nichts anbrennt.

4 Zum Servieren das Omelett halbieren und jeweils eine Hälfte auf einen Teller setzen. Dazu passt Räucherlachs oder 1 Scheibe Vollkornbrot.

EIWEISS-
POWER AM
MORGEN

Müsli-FRÜHSTÜCKSMUFFINS

150 g Dinkelvollkornmehl | 2 TL Backpulver | 50 g Zucker | 1 TL Zimtpulver | 50 g getr. Pflaumen | 80 g Walnusskerne | 2 kleine Äpfel (ca. 200 g) | 50 g zarte Haferflocken | 250 g Magerquark | 2 Eier | 50 ml Milch (1,5 % Fett) | 100 ml Rapsöl | Fett für das Blech
Für 1 12-er Muffinblech | 10 Min. Zubereitung | 25 Min. Backen

1 Den Backofen auf 180° vorheizen. Die Mulden des Muffinblechs einfetten. Dinkelmehl, Backpulver, Zucker und Zimt mischen.

2 Die Trockenpflaumen entkernen und klein schneiden. Die Walnüsse hacken. Die Äpfel waschen, vierteln, entkernen und in kleine Würfel schneiden. Mit Trockenpflaumen, Walnüssen und Haferflocken mischen.

3 Den Quark mit Eiern, Milch und Öl gründlich verrühren. Dann die Mehlmischung und den Apfel-Flocken-Mix mit einem Löffel zügig unterrühren.

4 Die Masse gleichmäßig auf die Mulden verteilen und die Muffins im Ofen (Mitte) 20–25 Min. backen. Die Muffins aus dem Ofen nehmen und kurz abkühlen lassen, dann aus den Mulden lösen und vollständig abkühlen lassen.

Nährwert pro Stück:

ca. 250 kcal		15 g F
7 g EW		20 g KH

Blaubeer-**BUTTERMILCH-MUFFINS**

50 g zarte Haferflocken | ¼ l Buttermilch |
150 g Blaubeeren (frisch oder TK) |
180 g Mehl (Type 1050) | 3 TL Backpulver |
1 TL Zimtpulver | 2 Eier | 100 g Rohrohr-
zucker | 100 ml Rapsöl | Fett für das Blech
**Für 1 12-er Muffinblech | 10 Min. Zuberei-
tung | 20 Min. Backen**

1 Den Backofen auf 180° (Umluft) vorheizen. Die Mulden des Muffinblechs einfetten.
Die Haferflocken mit der Buttermilch in
einer Schüssel mischen und ca. 5 Min.
quellen lassen. Die Blaubeeren verlesen,
waschen und trocken tupfen.

2 Inzwischen das Mehl in einer Schüssel
mit Backpulver und Zimt mischen. Die Eier
verquirlen und mit den gequollenen Haferflocken, Zucker und Öl gründlich verrühren.

Die Mehlmischung unter die Eiermasse mischen und zuletzt die Blaubeeren mit einem
Teigschaber vorsichtig unterheben.

3 Die Masse gleichmäßig auf die Mulden
verteilen und die Muffins im Ofen (Mitte)
ca. 20 Min. goldbraun backen. Die Muffins
aus dem Ofen nehmen und kurz abkühlen
lassen, dann aus den Mulden lösen und
vollständig abkühlen lassen.

Nährwert pro Stück:

ca. 210 kcal		11 g F
4 g EW		23 g KH

RÜHREI nach griechischer Art

4 Eier
2 EL Milch (1,5 % Fett) oder
Mineralwasser
mit Kohlensäure
1 Frühlingszwiebel
4 getr., in Öl eingelegte
Tomaten
8 kleine schwarze Oliven
(entsteint)
1 EL Rapsöl
Salz | Pfeffer
50 g Schafskäse (Feta)

Für 2 Personen
15 Min. Zubereitung

Nährwert pro Portion:

ca. 380 kcal
19 g EW
33 g F
3 g KH

1 Die Eier in einer Schüssel mit einer Gabel aufschlagen und mit Milch oder Mineralwasser verquirlen.

2 Die Frühlingszwiebel putzen, waschen und in feine Ringe schneiden. Die Tomaten abtropfen lassen und je nach Größe halbieren oder vierteln. Die Oliven ebenfalls in feine Ringe schneiden.

3 Das Öl in einer Pfanne erhitzen und Frühlingszwiebel, getrocknete Tomaten und Oliven darin kurz andünsten. Die Eiermasse darübergießen und ca. 5 Min. unter Rühren dünsten. Sobald die Eiermasse am Pfannenboden zu stocken beginnt, die Hitze herunterschalten und mit einem Holzlöffel oder Pfannenwender den Pfannenboden regelmäßig abstreifen, damit die Masse nicht anbrennt.

4 Zum Servieren das Rührei mit etwas Salz und Pfeffer würzen und auf Teller setzen. Den Feta zerkrümeln und darüber verteilen.

PIKANT
GEWÜRZT

RÜHREI MIT BUNTEM GEMÜSE

4 Eier | 2 EL Milch (1,5 % Fett) oder Mineral-
wasser mit Kohlensäure | 1 Schalotte |
50 g Zucchino | 50 g gelbe Paprikaschote |
6 Kirschtomaten | 1 EL Rapsöl | Salz | Pfeffer |
2 Zweige Rosmarin
Für 2 Personen | 15 Min. Zubereitung

1 Die Eier in einer Schüssel mit einer Gabel
aufschlagen und mit Milch oder Mineralwasser verquirlen.

2 Die Schalotte schälen und in feine
Streifen schneiden. Den Zucchino putzen,
waschen und in kleine Würfel schneiden.
Die Paprikaschote entkernen, waschen und
ebenfalls in kleine Würfel schneiden. Die
Tomaten waschen und je nach Größe halbieren oder vierteln.

3 Das Öl in einer Pfanne erhitzen und das
Gemüse darin kurz andünsten. Die Eiermasse darübergießen und ca. 5 Min. unter
Rühren dünsten. Sobald die Eiermasse am
Pfannenboden zu stocken beginnt, die Hitze
herunterschalten und mit einem Holzlöffel
den Pfannenboden regelmäßig abstreifen,
damit die Masse nicht anbrennt.

4 Zum Servieren den Rosmarin waschen,
trocken tupfen, die Nadeln abzupfen und
fein hacken. Das Rührei mit Salz, Pfeffer
und Rosmarin würzen und auf Teller setzen.

Nährwert pro Portion:

ca. 230 kcal		17 g F
15 g EW		4 g KH

RÜHREI IM LACHSMANTEL

4 Eier | 2 EL Milch (1,5 % Fett) oder Mineral-
wasser mit Kohlensäure | 1 kleines Bund
Schnittlauch | 1 EL Rapsöl | Salz | Pfeffer |
4 große Scheiben Räucherlachs (à ca. 40 g)
Für 2 Personen | 15 Min. Zubereitung

1 Die Eier in einer Schüssel mit einer Gabel
aufschlagen und mit Milch oder Mineralwasser verquirlen. Den Schnittlauch waschen, trocken tupfen und in feine Röllchen
schneiden, dann zur Eiermasse geben.

2 Das Öl in einer Pfanne erhitzen, die Eiermasse hineingießen und ca. 5 Min. unter
Rühren dünsten. Sobald die Eiermasse am
Pfannenboden zu stocken beginnt, die Hitze
herunterschalten und mit einem Holzlöffel
den Pfannenboden regelmäßig abstreifen,
damit die Masse nicht anbrennt.

3 Das Rührei mit etwas Salz und Pfeffer
würzen. Auf jedem Teller 2 Lachsscheiben
ausbreiten, jeweils mit einem Viertel des
Rühreis belegen und vorsichtig aufrollen.

VARIANTE
Für ein Tomaten-Lachs-Rührei 200 g Kirschtomaten waschen und vierteln. 2 gewürfelte
Schalotten in einer Pfanne in 1 TL Öl kurz
andünsten. 200 g Räucherlachs würfeln.
4 Eier mit Tomaten, Schalotten und Lachs
verquirlen und in der Pfanne in 2 EL Öl zu
Rührei braten, salzen und pfeffern.

Nährwert pro Portion:

	ca. 445 kcal		33 g F
	37 g EW		1 g KH

SPINATRÜHREI MIT GARNELEN

150 g TK-Blattspinat
1 Knoblauchzehe
2 EL Sojasauce
200 g Garnelen
(gegart und geschält)
4 Eier
2 EL Milch (1,5 % Fett) oder
Mineralwasser mit
Kohlensäure
1 EL Rapsöl
Salz | Pfeffer

**Für 2 Personen
15 Min. Zubereitung
15 Min. Auftauen**

Nährwert pro Portion:

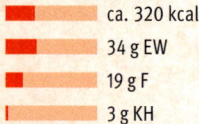

ca. 320 kcal
34 g EW
19 g F
3 g KH

1 Den Blattspinat in einem Sieb mindestens 15 Min. auftauen und gut abtropfen lassen, dann klein hacken. Inzwischen den Knoblauch schälen und durch die Knoblauchpresse drücken, mit der Sojasauce in einer kleinen Schale verrühren. Die Garnelen waschen und in der Knoblauchmarinade einige Minuten ziehen lassen.

2 Die Eier in einer Schüssel mit einer Gabel aufschlagen und mit Milch oder Mineralwasser verquirlen.

3 Das Öl in einer Pfanne erhitzen, die Eiermasse hineingießen und mit dem Spinat bestreuen. Alles ca. 5 Min. unter Rühren dünsten. Sobald die Eiermasse am Pfannenboden zu stocken beginnt, die Hitze herunterschalten und mit einem Holzlöffel oder Pfannenwender den Pfannenboden regelmäßig abstreifen, damit die Masse nicht anbrennt.

4 Zum Servieren das Rührei mit etwas Salz und Pfeffer abschmecken und auf Teller verteilen. Die marinierten Garnelen darüberstreuen.

TIPP
Statt der Garnelen können Sie auch Krabben verwenden – am besten bereits gegarte und geschälte. Einfach in einem Sieb kalt abbrausen, trocken tupfen und in die Knoblauchmarinade geben.

LOW-CARB-
FRÜHSTÜCK

GEMÜSEWAFFELN
mit Kräuterquark

Für die Waffeln:
1 kleiner Zucchino
2 mittelgroße Möhren
2 Eier
1 TL Backpulver
1 TL Salz
2,5 geh. EL Kartoffelmehl
Öl für das Waffeleisen
Für den Kräuterquark:
250 g Magerquark
3 EL Milch (1,5 % Fett)
2 TL Leinöl
1 Knoblauchzehe
½ Bund Petersilie
½ Bund Schnittlauch
1 kleine rote Zwiebel
Salz | Pfeffer

Für 2 Personen
30 Min. Zubereitung

Nährwert pro Portion:

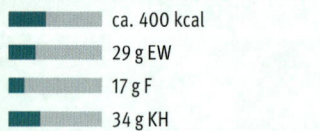

- ca. 400 kcal
- 29 g EW
- 17 g F
- 34 g KH

1 Für die Waffeln Zucchino und Möhren putzen, waschen beziehungsweise schälen und auf der Gemüsereibe fein raspeln. Die Raspel in eine Schüssel geben, mit Eiern, Backpulver, Salz und Kartoffelmehl gründlich verrühren und den Teig ca. 5 Min. quellen lassen.

2 Inzwischen das Waffeleisen aufheizen und die Backflächen mit etwas Öl einfetten. Jeweils ein Drittel des Teiges hineingeben und die Waffel in ca. 1 Min. goldbraun backen. Herausnehmen und auf einem Küchengitter ausdampfen lassen. Die übrigen 2 Waffeln genauso backen.

3 Währenddessen für den Kräuterquark den Quark mit Milch und Öl verrühren. Den Knoblauch schälen und dazupressen. Die Kräuter waschen, trocken tupfen, die Blätter abzupfen und fein hacken, den Schnittlauch in feine Röllchen schneiden. Die Zwiebel schälen, in kleine Würfel schneiden und mit den Kräutern unter den Quark rühren. Mit Salz und Pfeffer abschmecken.

4 Jeweils 1,5 Waffeln noch warm auf Teller setzen und mit dem Kräuterquark servieren.

TIPP
Sie können die Waffeln am nächsten Tag in einzelne Herzen teilen und im Toaster (oder im Ganzen im Backofen) knusprig aufbacken.

PIKANT &
KNUSPRIG

TOMATEN-CIABATTA mit Ricotta

250 g Mehl (Type 1050) | ½ TL Backpulver |
½ Würfel Hefe (21 g) | 180 ml lauwarme
Milch (1,5 % Fett) | 15 ml Olivenöl | Salz |
2 EL getr. Tomaten | 120 g Ricotta | Pfeffer |
Mehl zum Arbeiten
**Für 4 Personen | 15 Min. Zubereitung |
20 Min. Gehen | 30 Min. Backen**

1 Für den Hefeteig Mehl und Backpulver
in einer Rührschüssel mischen. In die Mitte
des Mehls eine Kuhle eindrücken, die Hefe
hineinbröseln und die lauwarme Milch darübergießen. Öl und 1 Prise Salz dazugeben
und alles mit den Knethaken des Handrührgeräts zu einem geschmeidigen Teig
kneten. Den Hefeteig an einem warmen Ort
zugedeckt 15–20 Min. gehen lassen. Den
Backofen auf 220° vorheizen. Ein Backblech
mit Backpapier auslegen.

2 Inzwischen die getrockneten Tomaten
fein hacken, anschließend mit den Händen
unter den Teig kneten. Aus dem Teig auf der
leicht bemehlten Arbeitsfläche einen Brotlaib formen, mit Mehl bestäuben und auf
das Backblech legen. Das Ciabatta im Ofen
(Mitte) 25–30 Min. backen. Herausnehmen
und kurz abkühlen lassen.

3 Währenddessen den Ricotta in eine
Schüssel geben und mit Salz und Pfeffer
würzen. Das Ciabatta in 12 Scheiben schneiden und mit dem Ricotta servieren.

Nährwert pro Portion:

ca. 355 kcal		10 g F	
13 g EW		52 g KH	

BAUERNBROT mit Rührei

500 g Weizenvollkornmehl | 1 TL Salz |
1 TL Brotgewürz | ½ Würfel Hefe (21 g) |
3 Stängel Petersilie | 3 Eier | 2 EL Milch
(1,5 % Fett) | Pfeffer | 50 g Katenschinken |
1 EL Rapsöl | Mehl zum Arbeiten
**Für 1 Brot (16 Scheiben) | Rührei für
2 Personen | 20 Min. Zubereitung |
1 Std. Gehen | 1 Std. Backen**

1 Mehl mit Salz und Brotgewürz mischen.
Die Hefe in 400 ml lauwarmem Wasser
auflösen, zum Mehl geben und alles glatt
verkneten. Den Teig an einem warmen Ort
zugedeckt 40–60 Min. gehen lassen.

2 Den Backofen auf 220° vorheizen. In den
Ofen eine ofenfeste Tasse mit Wasser stellen. Den Teig auf wenig Mehl durchkneten,
zu einem Brotlaib formen und auf ein Backblech setzen. Im Ofen (Mitte) 40–60 Min.
backen. Aus dem Ofen nehmen.

3 Inzwischen die Petersilie waschen,
trocken tupfen, Blätter abzupfen und fein
hacken. Mit Eiern, Milch, Salz und Pfeffer
verrühren. Den Schinken würfeln und untermischen. Die Eiermasse in einer Pfanne im
Öl 2–3 Min. unter Rühren braten. Zum Servieren je 1 große Brotscheibe mit der Hälfte
des Rühreis servieren.

Nährwert pro Portion:

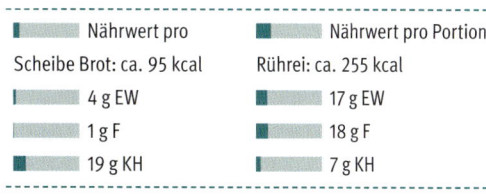

Nährwert pro Scheibe Brot: ca. 95 kcal	Nährwert pro Portion Rührei: ca. 255 kcal
4 g EW	17 g EW
1 g F	18 g F
19 g KH	7 g KH

EIWEISSBROT

300 g Magerquark | 100 g gemahlene
Haselnusskerne | 6 Eier | 50 g Leinsamen |
50 g Mohnsamen | 3 EL Dinkelvollkornmehl |
4 EL Schmelzflocken | 1 Päckchen Back-
pulver | 1 TL Salz
**Für 1 Kastenform von 25 cm Länge
(16 Scheiben) | 10 Min. Zubereitung |
1 Std. Backen**

1 Den Backofen auf 190° vorheizen. Die
Kastenform mit Backpapier auslegen. Alle
Zutaten in eine große Rührschüssel geben
und mit den Knethaken des Handrührgeräts
zu einem geschmeidigen Teig verkneten.

2 Den Teig in die Kastenform füllen und
mithilfe eines Teigspatels glatt streichen.
Das Brot im Ofen (Mitte) ca. 1 Std. backen.

3 Anschließend das Eiweißbrot aus dem
Ofen nehmen und vor dem Servieren vollständig abkühlen lassen.

VARIANTE
Wer bei den Nüssen einmal variieren möch-
te, nimmt einfach gemahlene Mandeln oder
Walnüsse statt der Haselnüsse. Eiweißbrote
enthalten kaum Kohlenhydrate, dafür viel
Eiweiß – damit auch Brotfans leicht ihre
Kohlenhydrataufnahme senken können.

Nährwert pro Scheibe:

ca. 140 kcal	9 g F
8 g EW	6 g KH

NUSSBROT mit Avocadomus

1 Würfel Hefe (42 g) | 500 g Dinkelvollkorn-mehl | 1 TL Salz | je 30 g Hasel-, Walnusskerne und Mandeln | 10 g Leinsamen | 1 reife Avocado | 1 TL Zitronensaft | Salz | Pfeffer
Für 1 Kastenform von 25 cm Länge (16 Scheiben) | Avocadomus für 2 Personen | 15 Min. Zubereitung | 1 Std. Gehen | 1 Std. Backen

1 Die Hefe in ½ l lauwarmem Wasser auflösen, mit Mehl und Salz mischen. Die Nüsse und Leinsamen grob hacken und zur Mehlmischung geben. Alles gründlich verkneten und den Teig zugedeckt an einem warmen Ort 1 Std. gehen lassen.

2 Den Backofen auf 180° vorheizen. In den Ofen eine ofenfeste Tasse mit Wasser stellen. Die Kastenform mit Backpapier auslegen und den Teig einfüllen. Das Brot im Ofen (Mitte) ca. 1 Std. backen. Bei Bedarf noch 10 Min. ohne Form im ausgeschalteten Ofen nachbacken. Herausnehmen und abkühlen lassen, dann in Scheiben schneiden.

3 Inzwischen die Avocado längs halbieren und den Kern entfernen. Das Fruchtfleisch herauslösen, mit einer Gabel zerdrücken und mit Zitronensaft, Salz und Pfeffer würzen. Das Avocadomus zum Brot servieren.

Nährwert pro Portion:

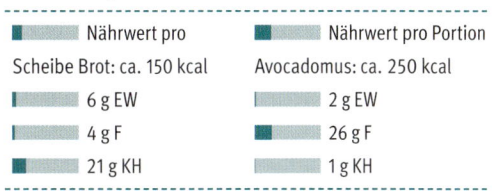

Nährwert pro Scheibe Brot: ca. 150 kcal	Nährwert pro Portion Avocadomus: ca. 250 kcal
6 g EW	2 g EW
4 g F	26 g F
21 g KH	1 g KH

APRIKOSEN-CASHEW-MUS

80 g Cashewkerne | 150 g Aprikosen |
2 TL Zitronensaft | 1 TL abgeriebene
Bio-Zitronenschale | 1 EL Agavendicksaft |
2 EL Kokosöl
Für 6 Personen | 20 Min. Zubereitung

1 Die Cashewkerne in einer Pfanne ohne
Fett goldbraun rösten. Herausnehmen und
abkühlen lassen, dann im Blitzhacker fein
zermahlen.

2 Inzwischen die Aprikosen waschen, halbieren und entkernen. Die Aprikosenhälften
in einen hohen Rührbecher geben und Zitronensaft und -schale, Agavendicksaft und
Öl hinzufügen. Alles mit dem Stabmixer fein
pürieren, dabei nach und nach die gemahlenen Cashewkerne untermischen.

3 Den Aufstrich in ein sauberes Schraubglas füllen und im Kühlschrank aufbewahren. So hält er sich 3–5 Tage.

Nährwert pro Portion:

| ca. 120 kcal | 9 g F |
| 3 g EW | 7 g KH |

MÖHREN-THYMIAN-BUTTER

4 mittelgroße Möhren | 1 rote Zwiebel |
1 Knoblauchzehe | 4 kleine Zweige Thymian |
100 g weiche Butter | 1 TL Salz
Für 6 Personen | 15 Min. Zubereitung

1 Die Möhren putzen, schälen und auf
der Gemüsereibe sehr fein raspeln. Die
Zwiebel schälen und sehr fein hacken. Den
Knoblauch schälen und durch die Knoblauchpresse drücken. Die Thymianzweige
waschen, trocken tupfen und die Blättchen
abzupfen.

2 Die weiche Butter in einer Schüssel mit
Möhrenraspeln, Zwiebel, Knoblauch und
Thymian gründlich verrühren und mit Salz
würzen. Die Butter hält sich im Kühlschrank
ca. 7 Tage. Sie passt zu Brot und gegrilltem
Fisch oder Fleisch.

VARIANTE

Sie können die Möhrenbutter auch mit
4 TL Tomatenmark mischen und statt mit
Thymian mit 4 TL frisch gehackter Petersilie
oder Kerbel würzen.

Nährwert pro Portion:

■	ca. 140 kcal	■	14 g F
▨	1 g EW	▨	3 g KH

AVOCADOAUFSTRICH

**2 weiche Avocados | Saft von 1 Limette |
60 g Frischkäse (16 % Fett) | 2 EL Mascar-
pone | Salz | Pfeffer | ¼ Bund Schnittlauch
Für 6 Personen | 15 Min. Zubereitung**

1 Die Avocados längs halbieren und den
Kern entfernen. Das Fruchtfleisch aus den
Hälften mit einem Löffel auslösen und in
einen hohen Rührbecher geben. Sofort den
Limettensaft hinzufügen, damit sich die
Avocado nicht bräunlich verfärbt.

2 Frischkäse und Mascarpone dazugeben,
alles mit Salz und Pfeffer würzen und mit
dem Stabmixer fein pürieren. Den Schnittlauch waschen, trocken tupfen und in feine
Röllchen schneiden. Zuletzt den Schnittlauch gleichmäßig unter die Avocadocreme
rühren. Die Avocadocreme in ein sauberes
Schraubglas füllen, sie hält sich gut verschlossen im Kühlschrank 2–3 Tage.

VARIANTE
Für einen Hüttenkäse mit Avocado (für
2 Personen) das Fruchtfleisch von ½ reifen
Avocado mit einem Löffel herauslösen, in
einer Schüssel fein zerdrücken und sofort
mit 2 EL Zitronensaft beträufeln. 1 kleine
Knoblauchzehe schälen und dazupressen.
200 g körnigen Frischkäse gut unterrühren.
Zum Schluss mit etwas Salz, Pfeffer und
Chilipulver abschmecken. Nach Belieben
1 TL hochwertiges Leinöl unterrühren.

Nährwert pro Portion:

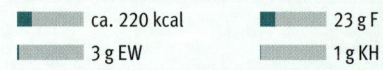

ca. 220 kcal		23 g F	
3 g EW		1 g KH	

MARILLENAUFSTRICH

250 g Marillen (ersatzweise Aprikosen) |
2 EL Apfeldicksaft | abgeriebene Schale
von 1/4 Bio-Zitrone | 1 Msp. Zimtpulver |
1 geh. EL Agar-Agar | 1 Msp. Ingwerpulver
(nach Belieben)
**Für ca. 250 g (10 Portionen) |
20 Min. Zubereitung**

1 Dic Marillen waschen und halbleren, die
Kerne entfernen und das Fruchtfleisch in
kleine Würfel schneiden. In einem Topf mit
Apfeldicksaft und 2 EL Wasser zugedeckt
bei mittlerer Hitze weich dünsten.

2 Anschließend Zimt, Zitronenschale, Agar-
Agar und nach Belieben das Ingwerpulver
dazugeben und unterrühren. Alles nochmals kurz erhitzen und noch heiß in ein sauberes Schraubglas füllen, verschließen und

abkühlen lassen. Kühl gelagert hält sich der
Aufstrich etwa 1 Woche.

TIPP
Nach diesem Rezept lassen sich auch
andere Fruchtaufstriche im Handumdrehen
zubereiten: Sie können beispielsweise die
gleiche Menge Himbeeren oder Beerenmix
verwenden – in dem Fall den Zimt weglassen. Den Beerenaufstrich ebenfalls kühl
lagern und innerhalb 1 Woche aufbrauchen.

Nährwert pro Portion:

	ca. 20 kcal		0 g F
	1 g EW		4 g KH

APFEL-MEERRETTICH-Aufstrich

1 kleine Zwiebel | 100 g Tofu | 1 süß-säuer-
licher Apfel (z. B. Jonagold) | 1 TL Rapsöl |
2 Stängel Petersilie | 2 TL geriebener Meer-
rettich (aus dem Glas) | Salz | Pfeffer
Für 2 Personen | 15 Min. Zubereitung

1 Die Zwiebel schälen und in kleine Würfel
schneiden. Den Tofu in eine Schüssel geben
und mit einer Gabel gut zerbröseln. Den
Apfel schälen, vierteln und entkernen. Dann
die Apfelviertel in kleine Würfel schneiden.

2 Das Öl in einer Pfanne erhitzen und
die Zwiebelwürfel darin kurz andünsten.
Tofubrösel und Apfelwürfel dazugeben und
beides kurz mit andünsten. Die Mischung
vom Herd nehmen, in eine Schüssel geben
und etwas abkühlen lassen.

3 Inzwischen die Petersilie waschen,
trocken tupfen, die Blätter abzupfen und
fein hacken. Alle Zutaten in einen hohen
Rührbecher geben und mit dem Stabmixer
gründlich pürieren. Zuletzt den Aufstrich
mit Salz und Pfeffer abschmecken.

4 Zum Servieren den Aufstrich vollständig
abkühlen lassen. Reste in einem sauberen
Schraubglas gut verschlossen im Kühlschrank aufbewahren – der Aufstrich hält
sich dort 3–5 Tage.

Nährwert pro Portion:

	ca. 115 kcal		7 g F
	6 g EW		7 g KH

MÖHRENFRISCHKÄSE

1 mittelgroße Möhre | 200 g Frischkäse
(16 % Fett) | 2 TL Sahnemeerrettich (aus dem
Glas) | 1 EL Zitronensaft | 1 TL gehackter Dill |
Salz | Pfeffer
Für 2 Personen | 20 Min. Zubereitung

1 Die Möhre putzen, schälen und auf
der Gemüsereibe sehr fein raspeln. Den
Frischkäse mit dem Meerrettich und dem
Zitronensaft in einer kleinen Schale gründlich verrühren.

2 Dann die Möhrenraspel und den Dill
unterrühren und den Aufstrich mit Salz und
Pfeffer würzen. Dazu passt beispielsweise
das Bauernbrot (siehe S. 61). Den Aufstrich
in ein sauberes Schraubglas füllen und im
Kühlschrank lagern. So hält er sich 3 Tage.

VARIANTE

Für einen Pilz-Tomaten-Aufstrich 50 g getrocknete, in Öl eingelegte Tomaten abtropfen lassen. 200 g Champignons putzen, in
kleine Würfel schneiden und in einer Pfanne
ohne Fett bei mittlerer Hitze andünsten,
abkühlen lassen. 1 rote Zwiebel schälen
und fein würfeln. 20 g Pinienkerne und die
Trockentomaten fein hacken. Die Pilze in einer Schüssel mit der Gabel zu einem feinen
Mus zerdrücken. Zwiebel, Pinienkerne und
Tomaten hinzufügen und den Aufstrich mit
Salz und Pfeffer würzen.

Nährwert pro Portion:

ca. 225 kcal	18 g F
9 g EW	5 g KH

PAPRIKA-MÖHREN-AUFSTRICH

1 rote oder gelbe
Paprikaschote
2 mittelgroße Möhren
1 Schalotte
1 EL Rapsöl
1 kleine Knoblauchzehe
2 Stängel Petersilie
1 EL Walnussöl
1 EL gemahlene Mandeln
Salz | Pfeffer

Für 2 Personen
15 Min. Zubereitung

Nährwert pro Portion:

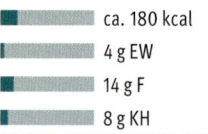

ca. 180 kcal

4 g EW

14 g F

8 g KH

1 Die Paprikaschote längs halbieren, entkernen, waschen und in feine Würfel schneiden. Die Möhren putzen, schälen und auf der Gemüsereibe fein raspeln. Die Schalotte schälen und in feine Ringe schneiden.

2 Das Rapsöl in einer Pfanne erhitzen und Gemüse und Schalotte darin andünsten. Die Knoblauchzehe schälen und mit der Knoblauchpresse dazupressen. Alles vom Herd nehmen und etwas abkühlen lassen.

3 Inzwischen die Petersilie waschen, trocken tupfen, die Blätter abzupfen und fein hacken. Alle Zutaten in einem hohen Rührbecher mit dem Stabmixer fein pürieren und die Masse mit Salz und Pfeffer würzen.

4 Zum Servieren den Aufstrich vollständig abkühlen lassen und in einem sauberen Schraubglas gut verschlossen im Kühlschrank aufbewahren. So hält er sich 3–5 Tage.

VARIANTE
Statt der Petersilie passt genauso gut auch Kerbel in den Aufstrich. Und für die farbliche Abwechslung können Sie einfach mal grüne Paprikaschoten nehmen!

Walnussöl weist ein sehr gutes Verhältnis von ungesättigten Omega-3- und Omega-6-Fettsäuren auf. Es sollte nur nicht erhitzt werden.

MIT WERTVOLLEN ÖLEN

CURRY-INGWER-AUFSTRICH

200 g Frischkäse (16 % Fett) | 2 TL Currypulver | 2 EL Milch (1,5 % Fett) | 1 kleine Möhre |
1 Stück frischer Ingwer (2 cm) | 1/3 Bund Koriandergrün | Salz | Pfeffer | 1 Spritzer Zitronensaft | 1 TL flüssiger Honig
Für 2 Personen | 15 Min. Zubereitung

1 Frischkäse, Currypulver und Milch in einer Schale gründlich verrühren. Die Möhre putzen, schälen und auf der Gemüsereibe fein raspeln. Den Ingwer schälen und möglichst fein reiben. Den Koriander waschen und trocken tupfen, die Blätter abzupfen und fein hacken.

2 Möhre, Ingwer und Koriander unter die Frischkäsemischung rühren. Den Aufstrich mit Salz, Pfeffer, Zitronensaft und Honig abschmecken. Den Aufstrich in ein sauberes Schraubglas füllen und im Kühlschrank lagern. So hält er sich 2–3 Tage.

VARIANTE
Für mehr Biss können Sie nach Belieben noch 1–2 EL Sonnenblumenkerne unter den Aufstrich mischen.

Nährwert pro Portion:

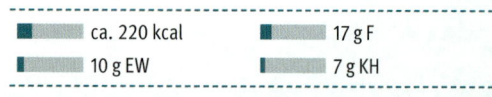

▬▬	ca. 220 kcal	▬▬	17 g F
▬	10 g EW	▬▬	7 g KH

LINSEN-CASHEW-AUFSTRICH

40 g gelbe Linsen | Salz | 1 kleine Zwiebel |
1 kleine Knoblauchzehe | 2 EL Cashewkerne |
1 TL Currypulver | Pfeffer
Für 2 Personen | 20 Min. Zubereitung

1 Die Linsen in einem Sieb abbrausen und
in Salzwasser ca. 10 Min. garen. In ein Sieb
abgießen, kalt abschrecken und gut abtropfen lassen, dann in eine Schüssel geben.

2 Inzwischen die Zwiebel und den Knoblauch schälen und fein hacken. Mit den
Linsen, Cashewkernen und 2 EL Wasser in
einen hohen Rührbecher geben. Alles mit
Currypulver bestreuen und mit dem Stabmixer fein pürieren.

3 Den Aufstrich mit etwas Salz und Pfeffer
abschmecken und servieren. Übrigen Aufstrich in ein sauberes Schraubglas füllen
und im Kühlschrank lagern. So hält er sich
3–5 Tage.

Nährwert pro Portion:

ca. 165 kcal	7 g F
8 g EW	16 g KH

HÜTTENKÄSE mit Paprika und Tomate

je ¼ gelbe und grüne Paprikaschote | 4 Kirschtomaten | 200 g körniger Frischkäse | 1 TL Tomatenmark | Salz | Pfeffer | Chilipulver | 1 EL Zitronensaft
2 Personen | 10 Min. Zubereitung

1 Die Paprikaviertel entkernen, waschen und in sehr kleine Würfel schneiden. Die Tomaten waschen und je nach Größe halbieren oder vierteln.

2 Den Frischkäse mit den Paprikawürfeln, Tomatenstücken und dem Tomatenmark in eine Schüssel geben und alles gut verrühren. Das Ganze mit etwas Salz, Pfeffer, Chili und Zitronensaft abschmecken.

VARIANTE
Wer Kräuter schätzt, kann noch 2 TL gehackte Petersilie, Kerbel oder Gartenkresse unter den pikanten Aufstrich mischen.

Nährwert pro Portion:

ca. 105 kcal	4 g F
13 g EW	4 g KH

RADIESCHENHÜTTENKÄSE

4 Radieschen | 1 Frühlingszwiebel | 2 Stängel Petersilie | 200 g körniger Frischkäse | Salz | Pfeffer
Für 2 Personen | 10 Min. Zubereitung

1 Die Radieschen putzen, waschen und vierteln. Die Frühlingszwiebel putzen, waschen und in feine Ringe schneiden. Die Petersilie waschen, trocken tupfen, die Blätter abzupfen und fein hacken.

2 Den Frischkäse mit Radieschenvierteln, Frühlingszwiebelringen und Petersilie in eine Schüssel geben und alles gut verrühren. Zum Schluss das Ganze mit etwas Salz und Pfeffer abschmecken.

TIPP

Körniger Frischkäse ist sehr eiweißreich und sättigt deshalb gut. Außerdem enthält er nur wenig Fett (unter 5 g pro 100 g) und so gut wie keine Kohlenhydrate (0 g KH pro 100 g) – der Milchzucker wurde bei der Herstellung »ausgewaschen«. Bei Hüttenkäse droht also kein Blutzuckeranstieg (siehe Seite 42, Tipp).

Nährwert pro Portion:

ca. 95 kcal   4 g F

12 g EW   3 g KH

ORANGENHÜTTENKÄSE

1 kleines Stück Meerrettichwurzel | 1 Bio-Orange | 200 g körniger Frischkäse | Salz | Pfeffer
Für 2 Personen | 12 Min. Zubereitung

1 Die Meerrettichwurzel putzen, schälen und auf der Gemüsereibe fein raspeln. Die Orange heiß waschen, abtrocknen und ca. 1 EL Schale fein abreiben. Dann die Orange halbieren und 1 Hälfte auspressen (die andere Hälfte anderweitig verwenden).

2 Den Frischkäse mit dem Meerrettich, 3 EL Orangensaft und -schale in einer Schüssel gründlich verrühren. Zum Servieren mit etwas Salz und Pfeffer abschmecken.

Nährwert pro Portion:

ca. 105 kcal		4 g F
12 g EW		5 g KH

THUNFISCHHÜTTENKÄSE

2 Stängel Petersilie | 50 g Thunfisch (im eigenen Saft) | 200 g körniger Frischkäse | 1 EL helle Sesamsamen | Salz | Pfeffer | 1 EL Zitronensaft
Für 2 Personen | 12 Min. Zubereitung

1 Die Petersilienstängel waschen, trocken tupfen, die Blätter abzupfen und fein hacken. Den Thunfisch abtropfen lassen und mit zwei Gabeln grob zerpflücken.

2 Den Frischkäse mit Petersilie, Thunfisch und Sesam in einer Schüssel gründlich verrühren. Zum Servieren mit etwas Salz, Pfeffer und Zitronensaft würzen.

Nährwert pro Portion:

ca. 165 kcal		8 g F
19 g EW		3 g KH

WALNUSSHÜTTENKÄSE

OLIVENHÜTTENKÄSE

4 Walnusskerne | 50 g Schafskäse (Feta) |
20 g Rucola | 200 g körniger Frischkäse |
1 kleine Knoblauchzehe | Salz | Pfeffer
Für 2 Personen | 12 Min. Zubereitung

1   Die Walnusskerne klein hacken. Den Feta
in einer Schüssel mit einer Gabel zerdrücken. Den Rucola waschen, trocken tupfen
und in feine Streifen schneiden, dabei
grobe Stiele entfernen.

2   Den Frischkäse zum Feta geben und
die Walnüsse und den Rucola gründlich
unterrühren. Den Knoblauch schälen und
dazupressen. Alles gut mischen und mit
etwas Salz und Pfeffer abschmecken.

Nährwert pro Portion:

ca. 285 kcal		22 g F	
17 g EW		5 g KH	

50 g Schafskäse (Feta) | 6 kleine schwarze
Oliven (entsteint) | 4 getr., in Öl eingelegte
Tomaten | 200 g körniger Frischkäse |
1 EL Pinienkerne | Salz | Pfeffer | 1 EL Zitro-
nensaft
Für 2 Personen | 10 Min. Zubereitung

1   Den Feta in einer Schüssel mit einer
Gabel zerdrücken. Die Oliven fein hacken.
Die getrockneten Tomaten abtropfen lassen
und in feine Streifen schneiden.

2   Den Frischkäse mit Oliven, Tomaten und
Pinienkernen zum Feta in die Schüssel
geben und gründlich unterrühren. Mit etwas
Salz, Pfeffer und Zitronensaft abschmecken.

Nährwert pro Portion:

ca. 175 kcal		10 g F	
17 g EW		4 g KH	

LACHS-FORELLEN-TATAR

1 kleine Zwiebel | ½ Bio-Zitrone | 125 g Räucherlachsfilet | 125 g Räucherforellenfilet | Salz | Pfeffer | 3 Stängel Schnittlauch | 2 Scheiben Brot (z. B. Eiweißbrot von Seite 62 oder Ciabatta)
Für 2 Personen | 15 Min. Zubereitung

1 Die Zwiebel schälen und in feine Würfel schneiden. Die Zitrone heiß waschen und abtrocknen, die Zitronenschale fein abreiben und die Zitrone auspressen. Beide Räucherfischfilets in kleine Würfel schneiden (ggf. die Haut vorher entfernen).

2 Die Fischwürfel mit Zwiebel, Zitronenschale und 2 EL Zitronensaft in einer Schüssel mischen und das Tatar mit Salz und Pfeffer würzen. Den Schnittlauch waschen, trocken tupfen und in Röllchen schneiden.

3 Zum Servieren das Lachs-Forellen-Tatar auf die Brotscheiben verteilen und mit den Schnittlauchröllchen garnieren.

TIPP

Sie können genauso auch ein Tatar aus rohem Fisch zubereiten: Dafür 250 g Lachsfilet waschen, trocken tupfen und im Blitzhacker sehr fein hacken. Dann wie beschrieben würzen und fertigstellen.

Nährwert pro Portion:

ca. 370 kcal	20 g F
41 g EW	4 g KH

APFEL-SMOOTHIE MIT ZIMT

2 mittelgroße Äpfel | 1 EL Zimtpulver (und
etwas zum Garnieren) | 2 EL Cashewkerne |
400 ml ungesüßter Sojadrink (oder ein
anderer Pflanzendrink) | 2 EL Agavendicksaft
Für 2 Personen | 10 Min. Zubereitung

1 Die Äpfel schälen, in Viertel schneiden
und entkernen. Die Apfelviertel in grobe
Stücke schneiden und mit Zimt, Cashewkernen, Sojadrink und Agavendicksaft in
einen hohen Rührbecher oder einen Standmixer geben.

2 Alles (mit dem Stabmixer) fein pürieren.
Den Smoothie auf hohe Gläser verteilen und
zum Servieren mit 1 Prise Zimt bestreuen.

VARIANTE
Für einen grünen Smoothie mit Mangold
und Pfirsich (2 Gläser à ca. 300 ml Inhalt)
250 g Salatgurke waschen und grob
würfeln. 2 mittelgroße Pfirsiche waschen,
halbieren und entkernen, dann vierteln.
80 g Mangold (oder Spinat) putzen, waschen und klein schneiden. 1 Vanilleschote
längs aufschneiden und das Mark heraus-
kratzen. Gurke, Pfirsiche, Mangold, Vanillemark, 150 ml Mineralwasser und 5 Eiswürfel
im Standmixer cremig pürieren und den
Smoothie auf hohe Gläser verteilen.

Nährwert pro Portion:

ca. 225 kcal		10 g F
9 g EW		22 g KH

LINSENSALAT

mit warmem Ziegenkäse

50 g rote Linsen
50 g gelbe Linsen
Salz
1 rote Zwiebel
1 Knoblauchzehe
2 Möhren
1 Frühlingszwiebel
100 g Kirschtomaten
2 EL Olivenöl
Pfeffer
Chilipulver
3 EL Rotweinessig
100 g Ziegenkäserolle

Für 2 Personen
25 Min. Zubereitung

Nährwert pro Portion:

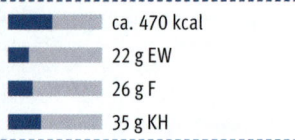

ca. 470 kcal
22 g EW
26 g F
35 g KH

1 Beide Linsensorten in einem Sieb abbrausen und abtropfen lassen. Dann in einem Topf in Salzwasser ca. 10 Min. weich garen. In ein Sieb abgießen, kalt abschrecken und gut abtropfen lassen.

2 Inzwischen die Zwiebel schälen und in feine Scheiben schneiden. Die Knoblauchzehe schälen und durch die Knoblauchpresse drücken. Die Möhren putzen, schälen und mit dem Sparschäler fein raspeln. Die Frühlingszwiebel putzen, waschen und in feine Ringe schneiden. Die Tomaten waschen und je nach Größe halbieren oder vierteln.

3 In einer Pfanne 1 EL Öl erhitzen und die Zwiebelscheiben darin andünsten. Knoblauch, Möhren und Frühlingszwiebel dazugeben und alles bei mittlerer Hitze ca. 3 Min. dünsten, mit Salz, Pfeffer und Chili würzen. Das gegarte Gemüse zu den Linsen geben und alles mit dem übrigen Öl und dem Essig mischen.

4 Den Ziegenkäse in ca. 1 cm dicke Scheiben schneiden und in einer Pfanne ohne Fett auf beiden Seiten knusprig goldbraun braten. Den Linsensalat und die Tomaten auf Teller verteilen und den Ziegenkäse darauflegen.

TIPP
Hülsenfrüchte wie Linsen liefern reichlich Pflanzeneiweiß – sie sind ein Muss für die gesunde Küche. Wenn Sie Insulin spritzen, müssen Sie Hülsenfrüchte nicht als Kohlenhydrate ansehen und nicht in Ihrer BE-Bilanz berücksichtigen, denn sie wirken sich kaum auf den Blutzuckerspiegel aus.

LINSENSALAT
mit Apfel und Rucola

100 g rote Linsen | Salz | 150 g Kirschtomaten | ½ Apfel (z. B. Elstar) | 80 g Schafskäse (Feta) | 50 g Rucola | 2 Zweige Thymian | 3 EL Apfelessig | 2 EL Walnussöl | Pfeffer | 2 EL gehackte Walnusskerne
Für 2 Personen | 25 Min. Zubereitung

1 Die Linsen in einem Sieb abbrausen und abtropfen lassen. In Salzwasser ca. 10 Min. weich garen. In ein Sieb abgießen, kalt abschrecken und abtropfen lassen.

2 Inzwischen die Tomaten waschen und vierteln. Apfel waschen, halbieren, entkernen und klein würfeln. Feta klein krümeln. Rucola waschen, trocken tupfen und grob hacken. Thymian waschen, trocken tupfen, Blättchen abzupfen und fein hacken.

3 Für das Dressing Essig und Öl in einer Schüssel verrühren und mit Salz und Pfeffer würzen. Linsen, Tomaten, Apfelwürfel, Feta, Rucola und Thymian mit dem Dressing gründlich mischen. Den Salat auf Teller verteilen und mit den gehackten Walnüssen bestreut servieren.

TIPP
Rote Linsen müssen – anders als getrocknete Bohnen oder Erbsen – nicht vorher über Nacht in Wasser eingeweicht werden. Ein Pluspunkt in der Expressküche!

Nährwert pro Portion:

ca. 490 kcal		26 g F
24 g EW		36 g KH

ROTE-BETE-SALAT

mit Spinat

2 gegarte Rote Beten (vakuumverpackt) |
4 EL Himbeeressig | 50 g Blattspinat |
100 g Schafskäse (Feta) | 1 Bio-Zitrone |
2 EL Walnussöl | Salz | Pfeffer
Für 2 Personen | 20 Min. Zubereitung

1 Die Roten Beten in feine Scheiben schneiden (am besten Einmalhandschuhe tragen!)
und in einer Schüssel mit Essig beträufeln.
Den Spinat verlesen, waschen und trocken
tupfen. Feta in kleine Würfel schneiden.

2 Die Zitrone heiß waschen, abtrocknen
und ca. 1 EL Schale fein abreiben. Dann die
Zitrone halbieren und 1 Hälfte auspressen
(die andere Hälfte anderweitig verwenden).
Für das Dressing 2 EL Wasser, Öl, 1 EL Zitronensaft und Zitronenschale verrühren.

3 Rote Beten, Spinat und Feta in eine Salatschüssel geben und das Dressing untermischen, zuletzt den Salat mit etwas Salz
und Pfeffer würzen und servieren.

TIPP

Wenn Sie die Roten Beten selbst garen
möchten, die Knollen putzen und zugedeckt
in Salzwasser 45–60 Min. weich garen.
Gegen Ende der Garzeit mit einem spitzen
Messer prüfen, ob sie durchgegart sind.
Dann abgießen, abkühlen lassen, schälen
und weiterverarbeiten.

Nährwert pro Portion:

ca. 265 kcal		19 g F
11 g EW		10 g KH

FEINER
SATT-
MACHER

AVOCADOSALAT

mit Sprossen und Pinienkernen

50 g Feldsalat
150 g Kirschtomaten
1 reife Avocado
100 g Sojasprossen
2 EL Aceto balsamico bianco
2 EL Walnussöl
1 TL mittelscharfer Senf
Salz | Pfeffer
2 EL gehackte Walnusskerne

Für 2 Personen
20 Min. Zubereitung

Nährwert pro Portion:

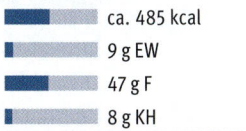

ca. 485 kcal
9 g EW
47 g F
8 g KH

1 Den Feldsalat verlesen, waschen und trocken schleu-dern, dabei grobe Stiele entfernen. Die Kirschtomaten waschen und je nach Größe halbieren oder vierteln. Die Avocado längs halbieren, den Kern entfernen, die Avocado schälen und das Fruchtfleisch in Spalten schneiden. Die Sprossen waschen und trocken tupfen.

2 Für das Dressing Essig, Öl, 2 EL Wasser und Senf in einer Salatschüssel gründlich verrühren und mit Salz und Pfeffer würzen. Feldsalat, Tomaten, Avocado und Sprossen hinzu-fügen und gründlich untermischen.

3 Zum Servieren den Salat auf Teller verteilen und mit den gehackten Walnüssen bestreuen.

TIPP

Avocados sind zwar relativ fettreich, dafür besteht das ent-haltene Fett aber aus hochwertigen Fettsäuren. Die Früchte wirken sich kaum auf den Blutzucker aus und eignen sich deshalb ideal für Salate, als Brotaufstrich oder Dip – sie sind echte Sattmacher!

KARTOFFEL-GURKEN-SALAT
mit Radieschen

300 g festkochende Kartoffeln | Salz |
½ Salatgurke | 4 mittelgroße Essiggurken |
1 Bund Radieschen | 2 Schalotten | 2 Stängel
Dill | 3 EL Weißweinessig | 2 EL Rapsöl |
1 TL mittelscharfer Senf | Pfeffer
Für 2 Personen | 30 Min. Zubereitung

1 Die Kartoffeln schälen, längs halbieren
und in kochendem Salzwasser bei schwacher Hitze ca. 20 Min. garen. Anschließend
abgießen, abkühlen lassen und in Scheiben
schneiden.

2 Inzwischen die Salatgurke schälen
und mit den Essiggurken in kleine Würfel
schneiden. Die Radieschen waschen und
vierteln. Die Schalotten schälen und in feine
Würfel schneiden.

3 Für das Dressing den Dill waschen,
trocken tupfen, die Spitzen abzupfen und
fein hacken. Essig, Öl und Senf in einer
Salatschüssel gründlich verrühren und mit
Salz, Pfeffer und Dill würzen.

4 Die Kartoffelscheiben mit beiden Gurken-
sorten, Radieschen und Schalotten hinzufügen und gründlich untermischen. Zum
Servieren den Salat auf Teller verteilen.

Nährwert pro Portion:

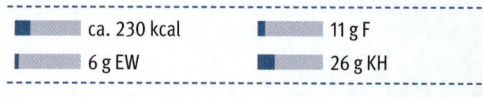

ca. 230 kcal		11 g F
6 g EW		26 g KH

KARTOFFELSALAT

mit grünem Spargel

300 g festkochende Kartoffeln | Salz | 400 g grüner Spargel | 1 EL Schmand | 4 EL Joghurt (1,5 % Fett) | 2 EL Weißweinessig | 1 TL mittelscharfer Senf | Pfeffer | ½ Bund Schnittlauch
Für 2 Personen | 30 Min. Zubereitung

1 Die Kartoffeln schälen, längs halbieren und in kochendem Salzwasser bei schwacher Hitze ca. 20 Min. garen. Abgießen, abkühlen lassen und in Scheiben schneiden.

2 Inzwischen den Spargel waschen, im unteren Drittel schälen und die holzigen Enden entfernen. Die Stangen schräg in ca. 3 cm lange Stücke schneiden und in kochendem Salzwasser 4–5 Min. bissfest garen. Danach in ein Sieb abgießen, kalt abschrecken und gut abtropfen lassen.

3 Für das Dressing Schmand, Joghurt, Essig und Senf mit 4 EL Wasser in einer Salatschüssel verrühren und mit Salz und Pfeffer würzen. Den Schnittlauch waschen, trocken tupfen und in feine Röllchen schneiden. Die Hälfte unter das Dressing rühren.

4 Die Kartoffeln und den Spargel mit dem Dressing mischen und den Salat mit übrigem Schnittlauch bestreut servieren.

Nährwert pro Portion:

ca. 145 kcal	3 g F
6 g EW	22 g KH

ITALIENISCHER NUDELSALAT

100 g Vollkorn- oder
Konjaknudeln
Salz
150 g Kirschtomaten
6 getr., in Öl eingelegte
Tomaten
125 g Mozzarella
50 g Rucola
1 Schalotte
1 kleine Knoblauchzehe
4 EL Aceto balsamico
2 EL Olivenöl
Pfeffer
2 EL Pinienkerne

Für 2 Personen
25 Min. Zubereitung

Nährwert pro Portion:

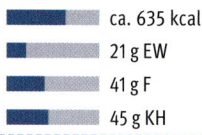

ca. 635 kcal
21 g EW
41 g F
45 g KH

1 Die Nudeln in kochendem Salzwasser nach Packungsanweisung 10–12 Min. weich garen. Anschließend in ein Sieb abgießen und kurz abtropfen lassen, dann in eine Salatschüssel geben und abkühlen lassen.

2 Inzwischen die Kirschtomaten waschen und je nach Größe halbieren oder vierteln. Die getrockneten Tomaten abtropfen lassen und in kleine Würfel schneiden. Den Mozzarella klein schneiden. Den Rucola verlesen, waschen, trocken tupfen und grob zerkleinern, dabei grobe Stiele entfernen. Die Schalotte schälen und in feine Würfel schneiden. Den Knoblauch schälen und durch die Knoblauchpresse drücken.

3 Beide Tomatensorten, Mozzarella und Rucola zu den Nudeln geben und alles gut mischen. Für die Vinaigrette Essig und Öl gründlich verrühren, mit Schalotte und Knoblauch mischen und mit Salz und Pfeffer würzen. Die Vinaigrette über die Zutaten geben, gründlich unterrühren und den Salat ca. 10 Min. ziehen lassen.

4 Währenddessen die Pinienkerne in einer Pfanne ohne Fett anrösten, herausnehmen und kurz abkühlen lassen. Zum Servieren die Pinienkerne über den Salat streuen.

Konjak- oder Shirataki-Nudeln enthalten zwar Kohlenhydrate, diese wirken sich jedoch nicht auf den Blutzucker aus. Ideal für Diabetesbetroffene!

SOMMERHIT ZUM SATT-ESSEN

PIKANT &
FRISCH

SOMMERSALAT
mit Serrano-Schinken

1 kleiner Lollo-rosso-Salat
1 kleiner Lollo-bianco-Salat
50 g Rucola
1 rote Paprikaschote
200 g Champignons
1 rote Zwiebel
100 g Serrano-Schinken
(in Scheiben)
1 EL Rapsöl
1 EL Olivenöl
2 EL Aceto balsamico bianco
1 TL flüssiger Honig
1 TL mittelscharfer Senf oder
grobkörniger Dijon-Senf
Salz | Pfeffer

**Für 2 Personen
20 Min. Zubereitung**

Nährwert pro Portion:

ca. 265 kcal
20 g EW
16 g F
8 g KH

1 Lollo rosso, Lollo bianco und Rucola putzen, waschen und trocken schleudern. Danach den Salat in mundgerechte Stücke zupfen. Die Paprika längs halbieren, entkernen, waschen und in feine Streifen schneiden. Die Champignons putzen, bei Bedarf mit einem Tuch abreiben und je nach Größe halbieren oder vierteln. Die Zwiebel schälen und in feine Ringe schneiden.

2 Den Serrano-Schinken in einer Pfanne im heißem Rapsöl kurz anbraten, herausnehmen und auf Küchenpapier abtropfen und abkühlen lassen. Zum Servieren in mundgerechte Stücke schneiden.

3 Für das Dressing Olivenöl, Essig, Honig und Senf in einer kleinen Schüssel gründlich verrühren und mit Salz und Pfeffer würzen.

4 Die Salatzutaten auf Tellern oder in Schüsseln anrichten, die Schinkenstücke darauf verteilen und alles mit dem Salatdressing beträufeln.

VARIANTE
Sie können den Sommersalat statt mit Schinken auch vegetarisch nur mit Pilzen zubereiten. Pilze enthalten reichlich Pflanzeneiweiß und gesunde Ballaststoffe. Dafür einfach 200 g Champignons oder Steinpilze mehr putzen, trocken abreiben und in Scheiben oder Viertel schneiden. Dann nach Belieben in einer Pfanne in 1 TL Butter ca. 3 Min. dünsten und über dem Salat verteilen.

GURKENSALAT mit Wassermelone

1 Salatgurke | 400 g Wassermelone |
2 EL Rapsöl | 2 EL Zitronensaft | 1 TL flüssiger
Honig | Salz | Pfeffer | Chilipulver
Für 2 Personen | 20 Min. Zubereitung

1 Die Gurke schälen, längs vierteln und die
Kerne mit einem Teelöffel entfernen. Die
Gurkenstangen in ca. 1 cm breite Stücke
schneiden. Die Melone schälen, größere
Kerne entfernen und das Fruchtfleisch in
Würfel schneiden.

2 Für das Dressing Öl, Zitronensaft und
Honig in einer Salatschüssel gründlich
verrühren und mit Salz, Pfeffer und Chili
würzen. Gurken- und Melonenstücke hinzufügen und gut untermischen. Den Salat kurz
durchziehen lassen, zum Servieren nochmals abschmecken und auf Teller verteilen.

TIPP
Der sommerliche Salat schmeckt am
besten, wenn er einige Zeit im Kühlschrank
durchziehen konnte und gut gekühlt serviert wird!

Nährwert pro Portion:

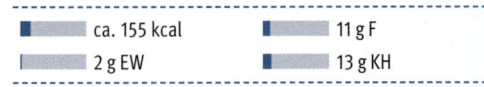

ca. 155 kcal		11 g F
2 g EW		13 g KH

RUCOLA-ERDBEER-SALAT

100 g Rucola | 1 Bund Basilikum | 300 g Erd-
beeren | 200 g Schafskäse (Feta) | 4 EL Aceto
balsamico bianco Erdbeere | 1 EL flüssiger
Honig | 2 EL Olivenöl | Salz | Pfeffer |
2 EL Pinienkerne
Für 2 Personen | 20 Min. Zubereitung

1 Den Rucola verlesen, waschen und
trocken tupfen. Das Basilikum waschen,
trocken tupfen und die Blätter abzupfen.
Die Erdbeeren putzen, waschen und je nach
Größe halbieren oder vierteln. Den Schafskäse in kleine Würfel schneiden.

2 Für das Dressing Essig, Honig und Öl in
einer Salatschüssel verrühren und mit Salz
und Pfeffer würzen. Die Pinienkerne in einer
Pfanne ohne Fett goldbraun rösten, herausnehmen und abkühlen lassen.

3 Rucola, Basilikum, Erdbeeren und
Schafskäse zum Dressing hinzufügen und
gründlich unterrühren. Den Salat auf Teller
verteilen und zum Servieren mit den Pinienkernen bestreuen.

Nährwert pro Portion:

ca. 535 kcal	38 g F
21 g EW	23 g KH

SCHAFSKÄSE AUF APFELSCHEIBEN
mit Pinienkernen

3 EL Apfelessig
2 EL Walnussöl
1 TL körniger Senf
Salz | Pfeffer
2 EL Pinienkerne
2 große rotschalige Äpfel
200 g Schafskäse (Feta)
30 g Rucola

Für 2 Personen
20 Min. Zubereitung

Nährwert pro Portion:

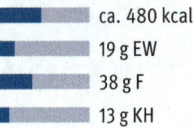

ca. 480 kcal
19 g EW
38 g F
13 g KH

1 Für die Vinaigrette Essig, Öl und Senf in einer Schüssel gründlich verrühren und mit Salz und Pfeffer würzen. Die Pinienkerne in einer Pfanne ohne Fett leicht rösten, herausnehmen und abkühlen lassen.

2 Die Äpfel waschen, das Kerngehäuse mit einem Apfelausstecher entfernen und die Äpfel in hauchdünne Scheiben schneiden oder auf der Gemüsereibe hobeln. Den Schafskäse in kleine Würfel schneiden. Den Rucola verlesen, waschen und trocken tupfen, dabei grobe Stiele entfernen.

3 Zum Servieren jeweils etwas Vinaigrette auf Teller geben und die Apfelscheiben darauf fächerartig ausbreiten, sodass sie sich überlappen. In der Mitte den Rucola und den Schafskäse anrichten. Alles mit der restlichen Vinaigrette beträufeln und mit Pinienkernen bestreuen.

TIPP
Wer will, variiert beim Obst: Anstelle auf Äpfeln können Sie den Salat mit Schafskäse auch auf Nektarinen oder Birnen anrichten. Wählen Sie dabei am besten noch knackige Früchte, die sich besser schneiden lassen als reifes Obst und die auch noch weniger Fruchtzucker enthalten.

FRISCH &
FRUCHTIG

SCHMECKT
AUCH AUS
DEM WOK

GRÜNE TOFU-GEMÜSE-PFANNE

200 g Tofu
1 EL Currypulver
4 EL Sojasauce
1 Zwiebel
1 Brokkoli
2 EL Rapsöl
250 ml Kokosmilch
(aus der Dose)
1 TL Gemüsebrühe (Instant)
½ TL Chiliflocken
100 g TK-Zuckerschoten
Salz
20 g heller Sesam

Für 2 Personen
30 Min. Zubereitung

Nährwert pro Portion:

ca. 580 kcal
24 g EW
46 g F
16 g KH

1 Den Tofu in kleine Würfel schneiden und mit Currypulver und Sojasauce in einer Schüssel marinieren. Die Zwiebel schälen und in feine Würfel schneiden. Den Brokkoli putzen, waschen und in Röschen zerteilen.

2 In einer Pfanne 1 EL Öl erhitzen und die Zwiebelwürfel darin bei mittlerer Hitze 1–2 Min. andünsten. Die marinierten Tofuwürfel dazugeben und 2–3 Min. mitbraten. Tofu und Zwiebel aus der Pfanne nehmen und beiseitestellen.

3 Das restliche Öl in der Pfanne erhitzen und die Brokkoliröschen darin 1–2 Min. anbraten. Die Kokosmilch dazugießen und alles zugedeckt ca. 5 Min. köcheln lassen. Dann mit Gemüsebrühe und Chiliflocken würzen.

4 Die TK-Zuckerschoten und die beiseitegestellte Tofu-Zwiebel-Mischung hinzufügen und alles noch ca. 5 Min. köcheln lassen. Das Gemüse mit Salz abschmecken.

5 Den Sesam in einer Pfanne ohne Fett unter Rühren goldbraun anrösten. Herausnehmen und abkühlen lassen. Zum Servieren Gemüse und Tofu auf Teller verteilen und mit dem Sesam bestreuen.

KARTOFFELCURRY

mit Kichererbsen

200 g vorwiegend festkochende Kartoffeln |
250 g Möhren | 1 EL Rapsöl | 1 EL Tomaten-
mark | 1,5 EL Currypulver | 1 Dose stückige
Tomaten (400 g) | Salz | Pfeffer | 1 TL Chili-
pulver | 250 g gegarte Kichererbsen (aus der
Dose) | 1 Stängel Koriandergrün | 150 ml Ko-
kosmilch (aus der Dose)
Für 2 Personen | 30 Min. Zubereitung

1 Die Kartoffeln schälen, waschen und in
ca. 1 cm große Würfel schneiden. Die Möhren putzen, schälen und in kleine Würfel
schneiden. Kartoffel- und Möhrenwürfel
in einer Pfanne im Öl bei mittlerer Hitze
2–3 Min. anbraten. Tomatenmark und Currypulver dazugeben und kurz mit anbraten.
Die gehackten Tomaten samt Saft hinzufügen, alles mit Salz, Pfeffer und Chilipulver
würzen und zugedeckt bei schwacher Hitze
ca. 10 Min. köcheln lassen.

2 Inzwischen die Kichererbsen in einem
Sieb abbrausen und abtropfen lassen. Den
Koriander waschen, trocken tupfen und die
Blätter abzupfen.

3 Kokosmilch und Kichererbsen zum Curry
hinzufügen und alles bei schwacher Hitze
noch ca. 5 Min. köcheln lassen. Das Kartoffelcurry auf Teller verteilen und mit den Kori-
anderblättern bestreut servieren.

Nährwert pro Portion:

ca. 400 kcal		22 g F
13 g EW		37 g KH

WURZELGEMÜSE
mit Ziegenkäse

2 Möhren | 1 kleine Süßkartoffel | 1 Zwiebel | 1 Knoblauchzehe | 3 gegarte Rote Beten (vakuumverpackt) | 2 EL Olivenöl | 2 TL getr. Thymian | 1 TL flüssiger Honig | ½ TL gemahlener Kümmel | Salz | Pfeffer | 125 g Ziegenkäserolle (45 % Fett) | 2 Zweige Thymian
Für 2 Personen | 15 Min. Zubereitung | 15 Min. Garen

1 Den Backofen auf 220° vorheizen. Ein Backblech mit Backpapier auslegen. Die Möhren und die Süßkartoffel schälen und in kleine Würfel schneiden. Die Zwiebel schälen und in feine Ringe schneiden. Den Knoblauch schälen und durch die Knoblauchpresse drücken. Die Roten Beten in Würfel schneiden (am besten Einmalhandschuhe verwenden!).

2 Das Gemüse mit Öl, Thymian, Honig, Kümmel, Salz und Pfeffer mischen und auf dem Blech verteilen. Die Ziegenkäserolle in dünne Scheiben schneiden und mit dem Thymian auf das Gemüse legen. Das Gemüse im Ofen (oben) ca. 15 Min. garen. Herausnehmen und vor dem Servieren kurz abkühlen lassen.

TIPP
Wer Zeit sparen will, kann TK-Möhrenwürfel mit aufs Blech geben – dazu am besten über Nacht auftauen lassen.

Nährwert pro Portion:

ca. 575 kcal	30 g F
15 g EW	60 g KH

AUBERGINEN-FETA-PÄCKCHEN

aus dem Ofen

1 Aubergine
2 große Tomaten
½ Bund Basilikum
2 Knoblauchzehen
150 g Schafskäse (Feta)
1 EL Olivenöl
Salz | Pfeffer
½ TL getr. Basilikum

Für 2 Personen
10 Min. Zubereitung
20 Min. Garen

Nährwert pro Portion:

ca. 250 kcal
14 g EW
19 g F
5 g KH

1 Den Backofen auf 200° vorheizen. 2 Stück Backpapier bereitlegen.

2 Die Aubergine putzen, waschen und in dünne Scheiben schneiden. Die Tomaten waschen und in dünne Scheiben schneiden, dabei die Stielansätze entfernen. Das frische Basilikum waschen, trocken tupfen, die Blätter abzupfen und fein hacken. Den Knoblauch schälen und ebenfalls fein hacken.

3 Auf jedes Backpapier ein Viertel der Auberginen- und Tomatenscheiben verteilen und jeweils ein Viertel des Fetas darüberbröseln. Darauf das restliche Gemüse verteilen und den Rest des Fetas über das Gemüse bröseln. Das Öl über den Feta träufeln, alles mit Salz, Pfeffer und getrocknetem Basilikum würzen und mit frischem Basilikum und Knoblauch bestreuen.

4 Das Backpapier über jeder Portion eng zusammenfalten und die Enden fest zudrehen, sodass die Päckchen gut verschlossen sind. Die Päckchen im Ofen (unten) ca. 20 Min. garen. Herausnehmen und auf Teller setzen, zum Servieren öffnen (Vorsicht, heißer Dampf!).

GEHT GANZ
SCHNELL

LÄSST SICH
LEICHT
ABWANDELN

GEMÜSEAUFLAUF mit Halloumi

150 g gegarte Rote Beten
(vakuumverpackt)
1 Zucchino
1 kleine Zwiebel
2 kleine Knoblauchzehen
200 g Halloumi
1 TL Korianderkörner
2 EL Olivenöl
1 EL flüssiger Honig
Salz | Pfeffer
100 g TK-Hokkaido-Kürbis
(in Stücken, aufgetaut)
1 TL Schwarzkümmel

Für 2 Personen
15 Min. Zubereitung
15 Min. Garen

Nährwert pro Portion:

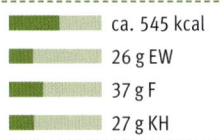

ca. 545 kcal
26 g EW
37 g F
27 g KH

1 Den Backofen auf 200° (Umluft) vorheizen. Die Roten Beten in kleine Würfel schneiden (am besten Einmalhandschuhe verwenden!). Den Zucchino putzen, waschen und in Scheiben schneiden. Zwiebel und Knoblauch schälen und fein hacken. Den Halloumi in dünne Scheiben schneiden. Die Korianderkörner im Mörser fein zermahlen.

2 Das Öl mit Zwiebel und Knoblauch mischen und den Honig unterrühren, die Marinade mit Salz und Pfeffer würzen und den Koriander hinzufügen. Die Marinade in einer großen Schüssel mit allen Gemüsesorten (Rote Beten, TK-Kürbis, Zucchino) mischen.

3 Das marinierte Gemüse in einer Auflaufform verteilen und den Halloumi darüberschichten. Den Auflauf im Ofen (Mitte) ca. 10 Min. garen, bis das Gemüse weich ist. Dann den Backofen auf Grillfunktion schalten und den Auflauf noch ca. 5 Min. überbacken, damit der Halloumi goldgelb und knusprig wird.

4 Den Auflauf aus dem Ofen nehmen und kurz abkühlen lassen. Zum Servieren auf Teller verteilen und den Schwarzkümmel darüberstreuen.

TIPP

Der Gemüseauflauf schmeckt auch toll mit anderem Gemüse. Sie können zum Beispiel 1 Aubergine statt Roter Bete oder 150 g Möhren statt Kürbis verwenden – einfach beides putzen, waschen oder schälen und in Scheiben schneiden.

MANGOLD-TOMATEN-OMELETT

300 g Mangold
200 g Kirschtomaten
2 Schalotten
4 Eier
2 geh. EL geriebener
Parmesan
Salz | Pfeffer
frisch geriebene
Muskatnuss
2 EL Olivenöl
2 EL Pinienkerne

Für 2 Personen
25 Min. Zubereitung

Nährwert pro Portion:

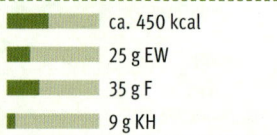

ca. 450 kcal
25 g EW
35 g F
9 g KH

1 Den Mangold putzen, waschen und in feine Streifen schneiden. Die Kirschtomaten waschen und vierteln. Die Schalotten schälen und in feine Würfel schneiden.

2 Die Eier in einer Schüssel mit dem Parmesan verquirlen und Mangold, Tomaten und Schalotten untermischen. Die Eier-Gemüse-Mischung kräftig mit Salz, Pfeffer und Muskatnuss würzen.

3 Das Öl in einer Pfanne erhitzen und die Eier-Gemüse-Mischung darin gleichmäßig verteilen. Das Omelett bei mittlerer Hitze von beiden Seiten knusprig braten. Zum Wenden einen großen Teller auf die Pfanne legen, das Omelett daraufstürzen und wieder in die Pfanne gleiten lassen.

4 Währenddessen die Pinienkerne in einer Pfanne ohne Fett leicht rösten, herausnehmen und abkühlen lassen. Zum Servieren das Mangold-Tomaten-Omelett in Viertel schneiden, auf jeden Teller 2 Stück setzen und mit den gerösteten Pinienkernen bestreuen.

TIPP
Sie können das Omelett auch mit Paprika, Lauch, Zucchini oder Auberginen zubereiten. Insgesamt 500 g Gemüse einfach putzen, waschen und in kleine Würfel schneiden. Dann wie beschrieben das Omelett zubereiten.

Hafer enthält den löslichen Ballaststoff Beta-Glucan, der sich positiv regulierend auf den Cholesterinspiegel auswirkt. Deshalb ruhig öfter mal zu Haferflocken, Haferkleie & Co. greifen!

SCHMECKT
AUCH
KINDERN

KERNIGE GEMÜSEPUFFER

1 Möhre (150 g)
1 Zucchino (300 g)
1 Zwiebel
Salz | Pfeffer
½ TL Gemüsebrühe (Instant)
2 EL gehackte TK-Petersilie
2 EL TK-Schnittlauchröllchen
2 Eier
2 EL zarte Haferflocken
4 EL Vollkorndinkelmehl
20 g Sonnenblumenkerne
1 EL Rapsöl

Für 2 Personen
30 Min. Zubereitung

1 Die Möhre putzen und schälen, den Zucchino putzen und waschen und beides auf der Gemüsereibe grob in eine Schüssel raspeln. Die Zwiebel schälen und in feine Würfel schneiden, zum geraspelten Gemüse geben.

2 Die Mischung mit Salz, Pfeffer und Gemüsebrühe würzen und Petersilie und Schnittlauch untermischen. Die Eier dazugeben und unterrühren. Anschließend Haferflocken, Vollkorndinkelmehl und Sonnenblumenkerne hinzufügen.

3 Aus der Masse mit angefeuchteten Händen 6 Puffer formen. Das Öl in der Pfanne erhitzen und die Puffer darin bei mittlerer Hitze auf jeder Seite ca. 5 Min. braten. Herausnehmen und sofort servieren. Dazu passt Avocadodip oder Kräuterquark.

VARIANTE

Für die Gemüsepuffer können Sie auch anderes Gemüse verwenden als Möhre und Zucchino, beispielsweise Knollensellerie oder Blumenkohl. Dafür jeweils 150 g putzen und waschen beziehungsweise schälen und auf der Gemüsereibe grob raspeln. Dann wie beschrieben verarbeiten.

Nährwert pro Portion:

- ca. 375 kcal
- 18 g EW
- 18 g F
- 34 g KH

VEGANE ASIA-SUPPE
mit Tofu

1 kleine Zwiebel
2 mittelgroße Möhren
1 EL Rapsöl
200 ml Kokosmilch
(aus der Dose)
600 ml Gemüsebrühe
Saft von ½ Limette
2 EL Sojasauce
2 Stängel Koriandergrün
1 EL Erdnusskerne
50 g Reisnudeln
150 g Räuchertofu
1 EL heller Sesam
1 TL Ahornsirup
1 TL rosenscharfes Paprikapulver oder Chilipulver
1 EL Erdnussöl

**Für 2 Personen
30 Min. Zubereitung**

Nährwert pro Portion:

ca. 630 kcal
22 g EW
43 g F
34 g KH

1 Die Zwiebel schälen und in feine Würfel schneiden. Die Möhren putzen, schälen und in dünne Scheiben schneiden.

2 Das Rapsöl in einem Topf erhitzen und die Zwiebel darin andünsten. Die Möhren dazugeben und die Kokosmilch und Gemüsebrühe dazugießen. Mit Limettensaft und Sojasauce würzen. Die Suppe einmal aufkochen, dann bei mittlerer Hitze ca. 10 Min. köcheln lassen.

3 Inzwischen den Koriander waschen, trocken tupfen, die Blätter abzupfen und grob hacken. Die Erdnüsse in einen Gefrierbeutel geben und mit einem Nudelholz klein klopfen. Die Reisnudeln in eine Schüssel geben, mit kochend heißem Wasser übergießen und ca. 10 Min. ziehen lassen, danach in ein Sieb abgießen.

4 Den Räuchertofu in Würfel schneiden. In einer Schüssel Sesam, Ahornsirup und Paprika oder Chili mischen und die Tofuwürfel darin marinieren. Das Erdnussöl in einer Pfanne erhitzen, die Tofuwürfel abtropfen lassen und darin goldbraun anbraten.

5 Zum Servieren die Reisnudeln auf tiefe Teller verteilen und die Suppe darübergießen. Räuchertofu, gehackte Erdnüsse und frischen Koriander darauf verteilen.

WÜRZIG &
WÄRMEND

MÖHREN-INGWER-SUPPE

1 Zwiebel | 400 g Möhren | 1 kleines Stück Ingwer (2 cm) | 2 EL Rapsöl | Saft von 1 Orange | 750 ml Gemüsebrühe | ½ Bund Schnittlauch | Salz | Pfeffer | 200 g Räuchertofu | 2 EL Sesamöl
Für 2 Personen | 30 Min. Zubereitung

1 Zwiebel und Ingwer schälen und grob hacken. Die Möhren putzen, schälen und in grobe Stücke schneiden.

2 Das Rapsöl in einem großen Topf in Öl erhitzen und die Zwiebel darin andünsten. Die Möhren dazugeben und kurz mitdünsten. Den Orangensaft und die Gemüsebrühe dazugießen und alles bei mittlerer Hitze ca. 10 Min. köcheln lassen. Dann den Ingwer in die Suppe geben und alles noch ca. 10 Min. köcheln lassen.

3 Inzwischen den Schnittlauch waschen, trocken tupfen und in feine Röllchen schneiden. Die Suppe vom Herd nehmen, im Topf mit dem Stabmixer fein pürieren und mit Salz und Pfeffer würzen, den Schnittlauch unterrühren.

4 Zum Servieren den Räuchertofu in feine Streifen schneiden und in einer Pfanne im Sesamöl anbraten. Die Suppe auf tiefe Teller verteilen und mit Räuchertofu belegen.

Nährwert pro Portion:

ca. 415 kcal | 29 g F
18 g EW | 16 g KH

ROTE-LINSEN-SUPPE mit Wirsing

150 g rote Linsen | 300 g Wirsing |
150 g Möhren | 2 Zwiebeln | 1 EL Rapsöl |
600 ml Gemüsebrühe | 1 Knoblauchzehe |
½ Bund Petersilie | 1 EL Tomatenmark |
1 EL Currypulver | Salz | Pfeffer | Chilipulver |
2 EL saure Sahne
Für 2 Personen | 30 Min. Zubereitung

1 Die Linsen in einem Sieb abbrausen und
abtropfen lassen, in kochendem Wasser
ohne Salz ca. 10 Min. garen.

2 Inzwischen das übrige Gemüse putzen
und waschen beziehungsweise schälen und
in kleine Würfel schneiden. Das Öl in einem
Topf erhitzen und die Gemüsewürfel darin
andünsten, anschließend mit der Gemüsebrühe ablöschen und weiterköcheln. Den
Knoblauch schälen und fein hacken. Die

Petersilie waschen, trocken tupfen, die Blätter abzupfen und fein hacken.

3 Die gegarten Linsen mit Tomatenmark,
Petersilie und Knoblauch zur Gemüsesuppe
geben. Alles mit Currypulver würzen und
gut unterrühren. Anschließend die Suppe
zugedeckt bei schwacher Hitze noch
ca. 10 Min. köcheln lassen.

4 Zum Servieren die Suppe mit Salz, Pfeffer
und Chili abschmecken und die saure Sahne
unterrühren. Die Rote-Linsen-Suppe in tie-
fen Tellern anrichten.

Nährwert pro Portion:

ca. 410 kcal	9 g F
26 g EW	54 g KH

SPINAT-MÖHREN-AUFLAUF

mit Kartoffeln

150 g vorwiegend fest-
kochende Kartoffeln
200 g Möhren
300 g Blattspinat
1 kleine Zwiebel
1 Knoblauchzehe
1 EL Olivenöl
Salz | Pfeffer
100 g saure Sahne
70 g geriebener Hartkäse
(z. B. Emmentaler oder
Parmesan)
1 Ei
frisch geriebene
Muskatnuss

Für 2 Personen
15 Min. Zubereitung
15 Min. Garen

Nährwert pro Portion:

ca. 370 kcal

23 g EW

23 g F

18 g KH

1 Den Backofen auf 200° vorheizen. Kartoffeln und Möhren schälen, in dünne Scheiben schneiden und in einem Siebeinsatz über Wasserdampf 3–4 Min. garen. Herausnehmen und beiseitestellen.

2 Inzwischen den Spinat verlesen, waschen und trocken tupfen, dabei grobe Stiele entfernen. Die Zwiebel schälen und in feine Würfel schneiden. Den Knoblauch schälen und durch die Knoblauchpresse drücken.

3 Das Öl in einer Pfanne erhitzen und Zwiebel und Knoblauch darin andünsten. Den Spinat hinzufügen und kurz zusammenfallen lassen. Mit Salz und Pfeffer würzen.

4 Die saure Sahne mit Käse und Ei in einer Schüssel gründlich verquirlen und mit Salz, Pfeffer und 1 Prise Muskatnuss würzen. Den Boden einer Auflaufform mit der Hälfte des Spinats bedecken und die Kartoffel- und Möhrenscheiben darauf verteilen. Den übrigen Spinat darübergeben und alles mit der Sahne-Käse-Mischung übergießen.

5 Den Gemüseauflauf im Ofen (Mitte) ca. 15 Min. backen. Herausnehmen und vor dem Servieren kurz abkühlen lassen, dann auf Teller verteilen.

HERZHAFTER
OFENGENUSS

SCHWARZWURZELFRIKASSEE
mit Tofu

250 g Tofu | 400 g Schwarzwurzeln (in Stücken, aus dem Glas) | 50 g Koch-sahne (15 % Fett) | 1 geh. EL Speisestärke | 1 EL Rapsöl | 200 ml Gemüsebrühe | Salz | Pfeffer | 2 geh. EL TK-Petersilie | 4 EL gerie-bener Parmesan
Für 2 Personen | 20 Min. Zubereitung

1 Den Tofu in Würfel schneiden. Die Schwarzwurzeln in ein Sieb abgießen und gut abtropfen lassen. Die Sahne mit der Speisestärke gründlich verrühren.

2 Das Öl in einem Topf erhitzen und die Schwarzwurzeln darin ca. 5 Min. andünsten. Die Tofuwürfel hinzufügen und die Brühe nach und nach dazugießen. Die angerührte Speisestärke unter Rühren hinzufügen und

alles einmal aufkochen. Dann den Topf sofort vom Herd nehmen und das Frikassee mit Salz und Pfeffer würzen.

3 Zum Servieren das Frikassee auf tiefe Teller verteilen. Jeweils mit 1 EL Petersilie und 2 EL Parmesan bestreuen.

TIPP
Wer will, würzt das Veggie-Frikassee noch klassisch mit 1 EL abgetropften Kapern und 1 TL Zitronensaft.

Nährwert pro Portion:

ca. 410 kcal		26 g F
28 g EW		16 g KH

GEMÜSE-FETA-PÄCKCHEN

aus dem Ofen

300 g Schafskäse (Feta) | je ½ rote und grüne Paprikaschote | 8 Kirschtomaten | 2 Frühlingszwiebeln | 8 kleine schwarze Oliven (entsteint) | 2 EL grünes Pesto | Salz | Pfeffer | 1 TL gemahlener Kreuzkümmel
Für 2 Personen | 20 Min. Zubereitung | 10 Min. Garen

1 Den Backofen auf 250° vorheizen. Zwei große Stücke Alufolie nebeneinander auf ein Backblech legen.

2 Den Schafskäse in 2 Scheiben schneiden. Paprika entkernen, waschen und in Streifen schneiden. Tomaten waschen und je nach Größe halbieren oder vierteln. Frühlingszwiebeln putzen, waschen und in feine Ringe schneiden. Oliven in Ringe schneiden.

3 Jeweils 1 Käsescheibe mit 1 EL Pesto bestreichen, auf eine Folie setzen und die Hälfte des Gemüses darauf verteilen. Das Ganze mit Salz, Pfeffer und Kreuzkümmel würzen. Die Folie über der Käse-Gemüse-Mischung zusammenfalten und gut verschließen.

4 Die Gemüse-Feta-Päckchen im Ofen (oben) ca. 10 Min. garen. Herausnehmen und auf Teller setzen, zum Servieren öffnen (Vorsicht, heißer Dampf!).

Nährwert pro Portion:

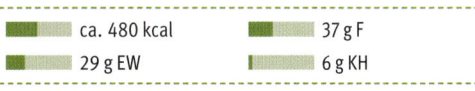

	ca. 480 kcal		37 g F
	29 g EW		6 g KH

BOHNENEINTOPF

mit Rinderfiletstreifen

1 Zwiebel
1 Knoblauchzehe
1 rote Paprikaschote
½ Dose weiße Bohnen
(125 g)
½ Dose Kidneybohnen
(125 g)
2 EL Rapsöl
1 Dose stückige Tomaten
(400 g)
250 ml Gemüsebrühe
1 TL getr. Thymian
2 Lorbeerblätter
Salz | Pfeffer
200 g Rinderfilet
½ TL gemahlener Koriander
½ Bund Petersilie
½ TL flüssiger Honig

Für 2 Personen
20 Min. Zubereitung

1 Zwiebel und Knoblauch schälen und in feine Würfel schneiden. Die Paprikaschote längs halbieren, entkernen, waschen und in Würfel schneiden. Beide Bohnensorten in einem Sieb abbrausen und abtropfen lassen.

2 In einem Topf 1 EL Öl erhitzen und Zwiebel und Knoblauch darin bei mittlerer Hitze 1–2 Min. andünsten. Die Paprikawürfel dazugeben und ebenfalls kurz anbraten. Dann die Tomatenstücke samt Saft und die Gemüsebrühe dazugießen. Das Gemüse mit Thymian, Lorbeerblättern, Salz und Pfeffer würzen, beide Bohnensorten hinzufügen und alles zugedeckt bei mittlerer Hitze ca. 10 Min. köcheln lassen.

3 Inzwischen das Rinderfilet in feine Streifen schneiden. Das übrige Öl in einer Pfanne erhitzen und die Rinderfiletstreifen darin bei mittlerer Hitze ca. 2 Min. anbraten. Mit Koriander, Salz und Pfeffer würzen und beiseitestellen.

4 Die Petersilie waschen, trocken tupfen, die Blätter abzupfen und fein hacken. Die Rinderfiletstreifen kurz vor Garzeitende zum Eintopf geben und darin erhitzen. Zuletzt alles mit Honig und Petersilie würzen und auf Teller verteilen.

Nährwert pro Portion:

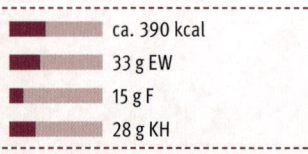

ca. 390 kcal
33 g EW
15 g F
28 g KH

DEFTIGER
GENUSS

Herzhafter KÜRBISAUFLAUF

600 g Kürbisfleisch (am besten Hokkaido) |
500 ml Gemüsebrühe | 125 g Kochschinken
(am Stück) | 1 Bund Frühlingszwiebeln |
200 g saure Sahne (10 % Fett) | 50 ml Milch
(1,5 % Fett) | 1 Ei | Salz | Pfeffer | frisch
geriebene Muskatnuss | 2 EL Schnittlauch-
röllchen (frisch oder TK) | 50 g geriebener
Emmentaler
**Für 2 Personen | 20 Min. Zubereitung |
20 Min. Garen**

1 Den Backofen auf 200° vorheizen. Den
Kürbis waschen, entkernen und klein wür-
feln. In einem Topf in der Brühe zugedeckt
bei mittlerer Hitze ca. 7 Min. garen. In ein
Sieb abgießen und gut abtropfen lassen.
Inzwischen den Schinken würfeln. Die
Frühlingszwiebeln putzen, waschen und in
dünne Ringe schneiden.

2 Schinkenwürfel und Frühlingszwiebeln
in eine Auflaufform geben und mischen.
Die saure Sahne mit Milch und Ei mit einer
Gabel zu einer glatten Masse verquirlen, mit
Salz, Pfeffer und Muskatnuss würzen und
den Schnittlauch unterrühren. Den Kürbis
ebenfalls in die Auflaufform geben und
alles mit dem Eierguss übergießen.

3 Den Auflauf mit dem geriebenen Käse
bestreuen und im Ofen (Mitte) ca. 20 Min.
garen. Aus dem Ofen nehmen und vor dem
Servieren kurz abkühlen lassen, dann auf
Tellern anrichten.

Nährwert pro Portion:

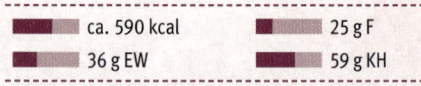

ca. 590 kcal		25 g F	
36 g EW		59 g KH	

HAFERBRATLINGE mit Käse und Schinken

60 g zarte Haferflocken | 50 g geriebener Emmentaler | 50 g magere Rohschinken-würfel | 70 ml Milch (1,5 % Fett) | 1 Ei | Salz | Pfeffer | ½ TL edelsüßes Paprikapulver | ½ Zwiebel | 50 g Blumenkohl | 1 EL Rapsöl
Für 2 Personen | 30 Min. Zubereitung

1 Haferflocken, geriebenen Käse, Schinkenwürfel, Milch und Ei in einer Schüssel gründlich mischen. Die Masse mit Salz, Pfeffer und Paprikapulver würzen und die Flocken ca. 5 Min. ausquellen lassen.

2 Inzwischen die Zwiebel schälen und in feine Würfel schneiden. Den Blumenkohl putzen, waschen und auf der Gemüsereibe fein raspeln. Zwiebelwürfel und Blumenkohlraspel ebenfalls zur Haferflockenmasse geben und untermischen.

3 Aus der Masse 4 gleich große Bratlinge formen. Das Öl in einer Pfanne erhitzen und die Bratlinge darin bei mittlerer Hitze auf beiden Seiten ca. 7 Min. braten. Aus der Pfanne nehmen und sofort servieren. Dazu passt eine leichte Joghurtsauce.

Nährwert pro Portion:

ca. 375 kcal	22 g F
22 g EW	21 g KH

QUINOA-PAPRIKA-PFANNE
mit Hähnchen

1 walnussgroßes Stück
Ingwer
2 Knoblauchzehen
1 TL flüssiger Honig
2 EL Sojasauce
200 g Hähnchenbrustfilet
1 rote Zwiebel
100 g Quinoa
1 EL Rapsöl
je 1 rote und gelbe
Paprikaschote
1 EL Nussmuss
(z. B. Mandel- oder
Erdnussmus)
150 g Kochsahne (15 % Fett)
Salz | Pfeffer
¼ TL Cayennepfeffer
2 EL TK-Petersilie

Für 2 Personen
30 Min. Zubereitung

Nährwert pro Portion:

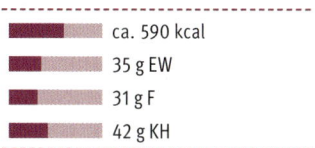

ca. 590 kcal
35 g EW
31 g F
42 g KH

1 Ingwer und Knoblauch schälen, den Ingwer fein hacken, den Knoblauch durch die Knoblauchpresse drücken. Beides in einer Schale mit Honig und Sojasauce gründlich verrühren. Das Hähnchenfleisch waschen, trocken tupfen und in Würfel schneiden. Das Fleisch in die Marinade geben und gut verrühren, ziehen lassen.

2 Die Zwiebel schälen und in dünne Ringe schneiden. Die Quinoa in einem Sieb abbrausen und gut abtropfen lassen.

3 Eine Pfanne ohne Fett erhitzen, das Fleisch kurz abtropfen lassen und darin rundum ca. 3 Min. anbraten. Dann aus der Pfanne nehmen und beiseitestellen. Das Öl in derselben Pfanne erhitzen und die Zwiebelringe darin bei mittlerer Hitze kurz anbraten. Die Quinoa dazugeben, 100 ml Wasser dazugießen und alles zugedeckt bei mittlerer Hitze ca. 5 Min. garen.

4 Inzwischen die Paprikaschoten längs halbieren, entkernen, waschen und in Würfel schneiden. Paprikawürfel, Nussmus und Kochsahne unter die Quinoa mischen und alles mit Salz, Pfeffer und Cayennepfeffer würzen. Zugedeckt noch ca. 10 Min. köcheln lassen.

5 Zum Servieren das Fleisch und die Petersilie unter die Quinoamischung heben und wieder kurz erwärmen. Die Quinoa-Paprika-Pfanne auf Tellern anrichten.

SPAGHETTI MIT HÄHNCHEN
und Pilzen

80 g Vollkornspaghetti
Salz
200 g Hähnchenbrustfilet
250 g Champignons
4 Tomaten
2 EL Rapsöl
1 Knoblauchzehe
Pfeffer
100 ml Milch (1,5 % Fett)
3 EL Tomatenmark
Zucker
1 TL getr. Basilikum
4 EL Frischkäse (16 % Fett)
2 Stängel Basilikum

Für 2 Personen
30 Min. Zubereitung

Nährwert pro Portion:

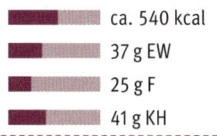

ca. 540 kcal
37 g EW
25 g F
41 g KH

1 Die Spaghetti in kochendem Salzwasser ca. 8 Min. biss-fest garen. In ein Sieb abgießen und abtropfen lassen.

2 Währenddessen das Hähnchenbrustfilet waschen, trocken tupfen und in dünne Streifen schneiden. Die Champignons putzen, bei Bedarf mit einem Tuch abreiben und in Scheiben schneiden. Die Tomaten waschen und in kleine Würfel schneiden, dabei Stielansätze und Kerne entfernen.

3 In einer beschichteten Pfanne 1 EL Öl erhitzen und die Hähnchenbruststreifen darin bei starker Hitze rundum knusprig anbraten. Den Knoblauch schälen und dazupres-sen, das Fleisch leicht salzen und pfeffern. Herausnehmen und beiseitestellen, dabei möglichst den Bratensaft in der Pfanne lassen.

4 Das übrige Öl in der Pfanne erhitzen und die Pilze darin bei mittlerer Hitze 1–2 Min. anbraten. Die Milch dazugießen und alles zugedeckt kurz köcheln lassen. Die Tomaten mit Tomatenmark, 1 Prise Zucker, getrocknetem Basilikum, Salz und Pfeffer hinzufügen und alles gut verrühren.

5 Zuletzt den Frischkäse und die Hähnchenstreifen unter-mischen und alles nochmals unter Rühren 2–3 Min. erwär-men. Die Spaghetti mit der Sauce verrühren und auf Tellern verteilen. Die Basilikumblätter abzupfen, waschen, trocken tupfen und zum Servieren auf die Nudeln setzen.

GROSS-
MUTTERS
KÜCHE

SAUERKRAUTAUFLAUF

mit Kasseler und Pellkartoffeln

4 kleine vorwiegend fest-
kochende Kartoffeln (250 g)
1 Zwiebel
200 g Kasselerlachs
1 EL Rapsöl
400 g Sauerkraut
(aus der Dose)
100 g saure Sahne
150 ml Milch (1,5 % Fett)
2 EL Frischkäse (16 % Fett)
1 TL edelsüßes Paprika-
pulver
Salz | Pfeffer
50 g geraspelter
Emmentaler

Für 2 Personen
10 Min. Zubereitung
20 Min. Garen

1 Den Backofen auf 200° vorheizen. Die Kartoffeln waschen und mit Schale in kochendem Wasser ca. 20 Min.
weich garen. Die Kartoffeln abgießen und kurz ausdampfen
lassen, warm halten.

2 Inzwischen die Zwiebel schälen und in feine Würfel
schneiden. Das Kasseler ebenfalls in Würfel schneiden.
Das Öl in einer Pfanne erhitzen und die Zwiebelwürfel darin
bei mittlerer Hitze 1–2 Min. andünsten. Die Kasselerwürfel
dazugeben und ebenfalls 1–2 Min. anbraten.

3 In eine Auflaufform zunächst das Sauerkraut schichten,
anschließend Kasseler- und Zwiebelwürfel darüber verteilen. Die saure Sahne mit Milch und Frischkäse in einer
kleinen Schüssel gründlich verrühren und mit Paprikapulver, Salz und Pfeffer würzen. Den Sahneguss über den
Auflauf verteilen.

4 Den Auflauf mit dem geraspelten Käse gleichmäßig
bestreuen und im Ofen (Mitte) ca. 20 Min. garen. Aus dem
Ofen nehmen und vor dem Servieren kurz abkühlen lassen.
Dann mit den Pellkartoffeln auf Tellern anrichten.

Nährwert pro Portion:

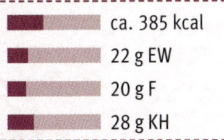

ca. 385 kcal	
22 g EW	
20 g F	
28 g KH	

DEFTIGER SOMMER-GENUSS

SCHMORGURKENEINTOPF
mit Hackbällchen

1 Zwiebel
200 g Rinderhackfleisch
2 EL zarte Haferflocken
1 Ei
Salz | Pfeffer
2 EL Rapsöl
150 g Kochsahne (15 % Fett)
250 ml Gemüsebrühe
500 g Schmorgurken
1 EL Weißweinessig
½ Bund Dill
1 TL Speisestärke nach
Belieben

Für 2 Personen
30 Min Zubereitung

Nährwert pro Portion:

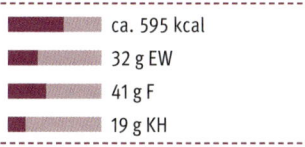

ca. 595 kcal
32 g EW
41 g F
19 g KH

1 Die Zwiebel schälen und in feine Würfel schneiden. Hackfleisch, Haferflocken, die Hälfte der Zwiebelwürfel, Ei, Salz und Pfeffer mit den Händen zu einer geschmeidigen Masse verarbeiten. Aus der Masse mit angefeuchteten Händen 10–12 Hackklößchen formen und auf einen Teller legen.

2 In einem Topf 1 EL Öl erhitzen und die übrigen Zwiebelwürfel darin andünsten. Kochsahne und Brühe dazugießen, die Hackklößchen hinzufügen und darin zugedeckt bei mittlerer Hitze ca. 10 Min. garen. Dann vom Herd nehmen.

3 Inzwischen die Schmorgurken schälen, längs halbieren und die Kerne mit einem Teelöffel entfernen. Die Gurkenhälften in ca. 5 mm dicke Scheiben schneiden. Das übrige Öl in einer Pfanne erhitzen und die Gurkenscheiben darin bei mittlerer Hitze 2–3 Min. anbraten, anschließend mit dem Essig ablöschen und vom Herd nehmen.

4 Den Dill waschen, trocken tupfen, die Spitzen abzupfen und fein hacken. Die Gurken zu den Klößchen geben, den Eintopf mit Salz und Pfeffer würzen und alles zugedeckt noch ca. 5 Min. köcheln lassen. Zum Servieren den Dill unterrühren und den Eintopf nochmals mit Salz und Pfeffer abschmecken. In tiefe Teller verteilen und servieren.

TIPP
Sie können nach Belieben den Eintopf noch etwas sämig andicken. Dafür 1 TL Speisestärke mit etwas kaltem Wasser verrühren, unter Rühren in den Eintopf geben und einmal aufkochen lassen.

LECKER IM
HERBST

WEISSKOHL-HACK-PFANNE

1 Zwiebel
700 g Weißkohl
1 EL Rapsöl
250 g Rinderhackfleisch
100 ml trockener Weißwein
100 g Kochsahne (15 % Fett)
1 TL Gemüsebrühe (Instant)
Salz | Pfeffer

Für 2 Personen
30 Min. Zubereitungszeit

Nährwert pro Portion:

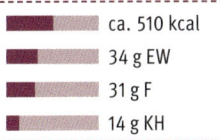

ca. 510 kcal
34 g EW
31 g F
14 g KH

1 Die Zwiebel schälen und in feine Würfel schneiden. Den Weißkohl putzen, vierteln und den harten Strunk entfernen. Den Weißkohl in feine Streifen schneiden oder hobeln.

2 Das Öl in einer Pfanne erhitzen und die Zwiebelwürfel darin bei mittlerer Hitze kurz andünsten. Anschließend das Hackfleisch zu den Zwiebeln geben und bei starker Hitze ca. 3 Min. unter Rühren krümelig anbraten. Den Weißkohl hinzufügen und Weißwein und Kochsahne dazugießen.

3 Alles mit Gemüsebrühe, Salz und Pfeffer würzen und zugedeckt bei mittlerer Hitze 15–20 Min. köcheln lassen, dabei ab und zu umrühren. Die Hackpfanne auf Tellern anrichten und servieren.

TIPP
Nach Belieben die Hackpfanne zum Servieren mit gewaschenen Petersilienblättern garnieren. Wer es etwas würziger mag, kann kurz vor Garzeitende noch zusätzlich 70 g Schafskäse (Feta) in kleine Würfel schneiden und unter den Weißkohl mischen.

FEINES FÜR GÄSTE

SCHWEINEMEDAILLONS

mit Sellerie-Möhren-Gemüse

2 Zwiebeln
2 kleine vorwiegend fest-
kochende Kartoffeln
200 g Knollensellerie
200 g Möhren
1 Zweig Rosmarin
2 TL Rapsöl
150 ml Gemüsebrühe
300 g Schweinefilet
1 TL edelsüßes Paprika-
pulver
Salz | Pfeffer
1 EL Speisestärke
frisch geriebene
Muskatnuss
1 EL saure Sahne

Für 2 Personen
30 Min. Zubereitung

1 Die Zwiebeln schälen und in feine Würfel schneiden. Die Kartoffeln schälen, waschen und in Würfel schneiden. Den Sellerie und die Möhren putzen, waschen und ebenfalls in Würfel schneiden. Den Rosmarin im Ganzen waschen und trocken tupfen.

2 In einem Topf 1 TL Öl erhitzen und Zwiebeln und Gemüse darin kurz andünsten. Die Gemüsebrühe dazugießen, den Rosmarinzweig hinzufügen und das Gemüse bei mittlerer Hitze ca. 15 Min. weich garen.

3 Inzwischen das Schweinefilet in 2–3 cm dicke Scheiben schneiden. Die Medaillons mit Paprikapulver, Salz und Pfeffer würzen und in einer Pfanne im übrigen Öl bei mittlerer Hitze von beiden Seiten goldbraun braten. Warm halten.

4 Die Speisestärke mit 2 EL Wasser verrühren, zum Gemüse geben und kurz aufkochen lassen. Alles mit Salz, Pfeffer und Muskatnuss kräftig abschmecken und zuletzt die saure Sahne hinzufügen.

5 Zum Servieren das Sellerie-Möhren-Gemüse auf Teller verteilen und die Medaillons daraufsetzen.

Nährwert pro Portion:

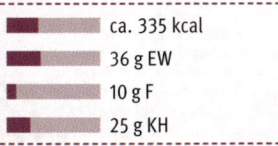

ca. 335 kcal
36 g EW
10 g F
25 g KH

FÜR **HEISSE** SOMMER-TAGE

GYROS MIT JOGHURTDIP

und Bauernsalat

Für das Gyros:
2 Zwiebeln | 1 TL Rapsöl
300 g Schweine-
geschnetzeltes | Salz
Pfeffer | 1 TL edelsüßes
Paprikapulver
1 TL Gyrosgewürzmischung
Für den Salat:
2 Tomaten | 1 rote Zwiebel
200 g Salatgurke
100 g Schafskäse (Feta)
1 TL Olivenöl
1 EL Weißweinessig
Zucker | Salz | Pfeffer
Für den Dip:
100 g Salatgurke
200 g Joghurt (1,5 % Fett)
2 TL TK-Schnittlauchröllchen
2 TL gehackte TK-Petersilie
Salz | Pfeffer

Für 2 Personen
30 Min. Zubereitung

1 Für das Gyros die Zwiebeln schälen und in feine Würfel schneiden. Das Öl in einer Pfanne erhitzen und die Zwiebelwürfel mit dem Schweinegeschnetzelten darin ca. 5 Min. rundum anbraten. Anschließend mit Salz, Pfeffer, Paprikapulver und Gyrosgewürz würzen und warm halten.

2 Währenddessen für den Salat die Tomaten waschen und in Würfel schneiden, dabei Stielansätze und Kerne entfernen. Die Zwiebel schälen, halbieren und in Scheiben schneiden. Die Gurke schälen und ebenfalls in Würfel schneiden. Den Schafskäse ebenfalls in Würfel schneiden. Tomaten, Zwiebel, Gurke und Schafskäse in einer Salatschüssel mit Öl, Essig, 1 Prise Zucker, Salz und Pfeffer gut mischen.

3 Für den Dip die Gurke waschen und in feine Streifen schneiden oder auf der Gemüsereibe raspeln. Dann mit Joghurt und Kräutern in einer Schüssel gründlich verrühren und kräftig mit Salz und Pfeffer würzen.

4 Zum Servieren das Gyros auf Teller verteilen und den Joghurtdip danebensetzen. Den griechischen Bauernsalat dazu reichen.

Nährwert pro Portion:

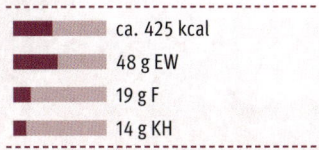

ca. 425 kcal
48 g EW
19 g F
14 g KH

GESUNDE
HAUSMANNS-
KOST

GESCHNETZELTES
mit Champignons

Für das Geschnetzelte:
300 g Champignons
1 Zwiebel
2 TL Rapsöl
300 g Schweine-
geschnetzeltes
Salz | Pfeffer | 1 TL edel-
süßes Paprikapulver
3 TL TK-Schnittlauchröllchen
2 EL saure Sahne
Für den Salat:
200 g Feldsalat
100 g Salatgurke
1 Tomate
1 EL Olivenöl
1 EL Aceto balsamico
Zucker
Salz | Pfeffer
2 TL gemischte Kerne
(z. B. Salat-Mix)

Für 2 Personen
30 Min. Zubereitung

Nährwert pro Portion:

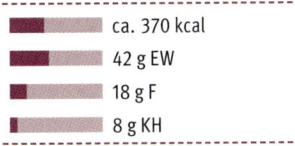

ca. 370 kcal
42 g EW
18 g F
8 g KH

1 Für das Geschnetzelte die Champignons putzen, bei Bedarf mit einem Tuch abreiben und in Scheiben schneiden. Die Zwiebel schälen und in feine Würfel schneiden. In einer Pfanne 1 TL Öl erhitzen und Champignons und Zwiebelwürfel darin anbraten. Danach aus der Pfanne nehmen und beiseitestellen.

2 Das übrige Öl in der Pfanne erhitzen und das Schweinegeschnetzelte darin rundum anbraten. Mit Salz, Pfeffer und Paprikapulver würzen und, sobald es goldbraun ist, die Champignons und die Zwiebeln hinzufügen. Den Schnittlauch und die saure Sahne unterrühren, warm halten.

3 Inzwischen für den Salat den Feldsalat verlesen, waschen und trocken tupfen. Die Gurke waschen und in Würfel schneiden. Die Tomate waschen und ebenfalls in Würfel schneiden, dabei Stielansatz und Kerne entfernen. Für die Vinaigrette Öl, Essig, 1 Prise Zucker, Salz und Pfeffer in einer kleinen Schüssel gründlich verrühren. Feldsalat, Gurken- und Tomatenwürfel mit der Vinaigrette mischen.

4 Die Kernmischung in einer Pfanne ohne Fett leicht rösten, herausnehmen und abkühlen lassen. Das Geschnetzelte auf Tellern anrichten, den Salat danebensetzen und mit den gerösteten Körnern bestreuen.

MITTEL-
MEERHIT

SCHNITZEL
mit buntem Gemüse

2 Schweineschnitzel
(à ca. 150 g; möglichst
fettarm)
3 EL Olivenöl
edelsüßes Paprikapulver
Salz | Pfeffer
2 Frühlingszwiebeln
1 kleine Knoblauchzehe
200 g Möhren
200 g rote Paprikaschote
200 g Zuckerschoten
¼ Bund Petersilie
100 ml warme Gemüsebrühe

Für 2 Personen
30 Min. Zubereitung

Nährwert pro Portion:

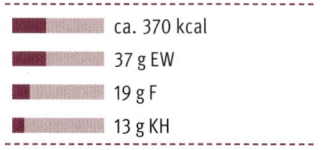

ca. 370 kcal
37 g EW
19 g F
13 g KH

1 Die Schweineschnitzel trocken tupfen und nebeneinander in eine flache Schale legen. 1 EL Öl mit Paprikapulver, Salz und Pfeffer verrühren und das Fleisch damit bestreichen und marinieren.

2 Die Frühlingszwiebeln putzen, waschen und in dünne Ringe schneiden. Den Knoblauch schälen und fein hacken. Die Möhren putzen, schälen und in feine Streifen schneiden. Die Paprika längs halbieren, entkernen, waschen und ebenfalls in feine Streifen schneiden. Die Zuckerschoten waschen. Die Petersilie waschen, trocken tupfen, die Blätter abzupfen und fein hacken.

3 Das restliche Öl in einer Pfanne erhitzen und Frühlingszwiebeln und Knoblauch darin andünsten. Erst die Möhren, dann die Paprika und zuletzt die Zuckerschoten hinzufügen und jeweils kurz andünsten. Die warme Gemüsebrühe dazugießen und das Gemüse noch ca. 5 Min. bissfest garen. Mit Salz und Pfeffer abschmecken, die Petersilie untermischen und alles warm halten.

4 Eine Grillpfanne ohne Fett erhitzen und die Schnitzel darin auf beiden Seiten 2–3 Min. braten. Herausnehmen und mit dem Gemüse auf Tellern anrichten.

FRIKADELLEN
mit Ofengemüse

1 Zwiebel
2 kleine Knoblauchzehen
¼ Bund Petersilie
150 g Möhren
150 g gegarte Rote Beten
(vakuumverpackt)
1 EL Korianderkörner
200 g Rinderhackfleisch
1 Ei
1 EL getr. Rosmarin
Salz | Pfeffer
2 EL Olivenöl
1 TL flüssiger Honig
1 EL Schwarzkümmel

Für 2 Personen
15 Min. Zubereitung
15 Min. Garen

Nährwert pro Portion:

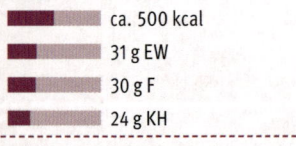

ca. 500 kcal
31 g EW
30 g F
24 g KH

1 Den Backofen auf 180° (Umluft) vorheizen. Die Zwiebel und den Knoblauch schälen und in feine Würfel schneiden. Die Petersilie waschen, trocken tupfen, die Blätter abzupfen und fein hacken.

2 Die Möhren putzen, schälen und in feine Streifen schneiden. Die Roten Beten ebenfalls in dünne Streifen schneiden (dabei am besten mit Einweghandschuhen arbeiten!). Die Korianderkörner im Mörser fein zermahlen.

3 Das Hackfleisch mit der Hälfte der Zwiebeln und des Knoblauchs, Petersilie und Ei gründlich mischen und mit Rosmarin, Salz und Pfeffer würzen. Aus der Hackmasse mit angefeuchteten Händen 4 Frikadellen formen und auf einem Teller beiseitestellen.

4 Möhren und Rote Beten mit 1 EL Öl, Honig, Koriander, übrigen Zwiebeln und restlichem Knoblauch mischen und mit Salz und Pfeffer würzen. Das Gemüse auf einem Backblech verteilen und im Ofen (Mitte) ca. 15 Min. garen. Herausnehmen und kurz abkühlen lassen.

5 Inzwischen das restliche Öl in einer Pfanne erhitzen und die Frikadellen darin auf beiden Seiten ca. 10 Min. goldbraun anbraten. Zum Servieren das Ofengemüse mit dem Schwarzkümmel bestreuen und mit den Frikadellen auf Tellern anrichten.

ARABISCH
GEWÜRZT

MIT GRA-
NATAPFEL-
KERNEN

RINDERFILET

mit mariniertem Blumenkohl

1 kleiner Blumenkohl
3 EL Olivenöl
1 TL Schwarzkümmel
Salz | Pfeffer
2 Knoblauchzehen
300 g Rinderfilet
(ersatzweise Schweinefilet)
getr. Rosmarin
1 TL gehackte Petersilie
2 EL gehackte Hasel-
nusskerne
50 g Granatapfelkerne

Für 2 Personen
10 Min. Zubereitung
20 Min. Garen

Nährwert pro Portion:

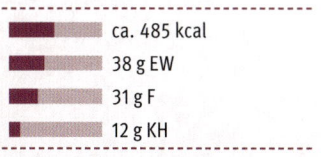

ca. 485 kcal
38 g EW
31 g F
12 g KH

1 Den Backofen auf 200° vorheizen. Den Blumenkohl putzen, waschen und in Röschen zerteilen. 2 EL Öl mit Schwarzkümmel, Salz und Pfeffer verrühren und die Blumenkohlröschen damit gründlich mischen. Den Blumenkohl in einer Auflaufform verteilen und im Ofen (Mitte) ca. 20 Min. goldbraun garen. Herausnehmen und warm halten.

2 Inzwischen den Knoblauch schälen und in dünne Streifen schneiden. Das Rinderfilet von beiden Seiten mit Salz, Pfeffer und Rosmarin würzen. Das übrige Öl in einer Pfanne erhitzen und den Knoblauch darin andünsten. Dann das Rinderfilet hinzufügen und bei mittlerer Hitze auf beiden Seiten ca. 5 Min braten.

3 Inzwischen die Haselnüsse in einer Pfanne ohne Fett leicht rösten, herausnehmen und abkühlen lassen.

4 Zum Servieren den Blumenkohl mit Nüssen, Petersilie und Granatapfelkernen bestreuen und auf Teller verteilen. Das Rinderfilet in Streifen schneiden und daraufsetzen.

SCHASCHLIK
mit mediterranem Gemüse

Für das Schaschlik:
300 g Schweinefilet
je 1 gelbe und grüne
Paprikaschote
3 Zwiebeln
Salz | Pfeffer
1 TL Rapsöl
Für das Gemüse:
150 g Zucchini
150 g Aubergine
2 Tomaten
je 2 Zweige Rosmarin
und Thymian
1 TL Rapsöl
1 TL Tomatenmark
1 TL edelsüßes Paprika-
pulver
Zucker | Salz | Pfeffer
Außerdem:
6 Schaschlikspieße

**Für 2 Personen
30 Min. Zubereitung**

1 Für das Schaschlik das Schweinefilet in ca. 1 cm dicke Scheiben schneiden. Die Paprikaschoten jeweils längs halbieren, entkernen, waschen und in mundgerechte Stücke schneiden. Die Zwiebeln schälen und achteln.

2 Schweinefilet, Paprika und Zwiebeln abwechselnd auf die Holzspieße stecken und mit Salz und Pfeffer würzen. Das Öl in einer Pfanne erhitzen und die Schaschlikspieße darin rundum ca. 15 Min. braten, warm halten.

3 Inzwischen für das Gemüse die Zucchini putzen, waschen und in Würfel schneiden. Die Aubergine putzen, waschen und ebenfalls in Würfel schneiden. Die Tomaten waschen und in Würfel schneiden, dabei Stielansätze und Kerne entfernen. Rosmarin- und Thymianzweige waschen und trocken tupfen.

4 Das Öl in einer Pfanne erhitzen und alle Gemüsewürfel darin ca. 5 Min. andünsten. Das Tomatenmark hinzufügen und kurz mitdünsten, dann alles mit Paprikapulver würzen. Rosmarin und Thymian hinzufügen und das Gemüse mit 1 Prise Zucker, Salz und Pfeffer würzen.

5 Zum Servieren die Schaschlikspieße auf Teller verteilen und das mediterrane Gemüse daneben anrichten.

Nährwert pro Portion:

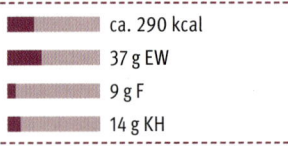

ca. 290 kcal
37 g EW
9 g F
14 g KH

AUCH
LECKER
VOM
GRILL

HÜHNERFRIKASSEE

mit Paprika und Pilzen

50 g Langkornreis | Salz | 3 Schalotten |
100 g Champignons | 1 rote Paprikaschote |
250 g Hähnchenbrustfilet | 1 TL Rapsöl |
1 TL Mehl | 125 ml Gemüsebrühe | 1 TL Ka-
pern | 200 g TK-Erbsen | 50 g Sahne |
50 ml Milch (1,5 % Fett) | 1 TL mittelscharfer
Senf | 1 EL TK-Schnittlauchröllchen | Zucker |
Pfeffer | frisch geriebene Muskatnuss
Für 2 Personen | 30 Min. Zubereitung

1 Den Reis in einem Topf in Salzwasser
nach Packungsanweisung ca. 20 Min. garen.
Inzwischen die Schalotten schälen und fein
würfeln. Pilze putzen, bei Bedarf abreiben
und in dünne Scheiben schneiden. Paprika
längs halbieren, entkernen, waschen und
in Streifen schneiden. Fleisch waschen,
trocken tupfen und in Streifen schneiden.

2 Die Schalotten in einer Pfanne im Öl
andünsten. Das Hähnchen dazugeben und
ca. 5 Min. mitbraten. Pilze und Paprika hinzufügen und alles noch 5–10 Min. dünsten.
Mit Mehl bestäuben, die Brühe dazugießen
und alles ca. 5 Min. köcheln lassen. Die
Kapern in einem Sieb abtropfen lassen.

3 Zum Servieren TK-Erbsen mit Sahne,
Milch, Senf, Kapern und Schnittlauch unterrühren und das Frikassee mit 1 Prise Zucker,
Salz, Pfeffer und Muskatnuss abschmecken. Mit dem Reis servieren.

Nährwert pro Portion:

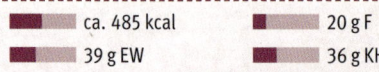

ca. 485 kcal	20 g F
39 g EW	36 g KH

KÜRBIS-MÖHREN-SUPPE
mit Putenstreifen

1 kleine Zwiebel | 400 g Hokkaido-Kürbis |
200 g Möhren | 1 Bio-Orange | 2 EL Rapsöl |
500 ml Gemüsebrühe | Salz | Pfeffer | Curry-
pulver | 300 g Putenbrustfilet
Für 2 Personen | 30 Min. Zubereitung

1 Die Zwiebel schälen und fein würfeln.
Kürbis waschen, die Kerne mit einem Löffel
entfernen und den Kürbis in 2 cm große
Stücke schneiden. Möhren schälen und
grob schneiden. Orange heiß waschen, abtrocknen und ca. 2 EL Schale fein abreiben.
Orange halbieren und auspressen.

2 In einem großen Topf 1 EL Öl erhitzen und
die Zwiebelwürfel darin andünsten. Kürbis
und Möhren dazugeben und kurz mitdünsten. Gemüsebrühe, Orangensaft und -schale

hinzufügen, alles zugedeckt aufkochen und
bei schwacher Hitze noch ca. 15 Min. garen.

3 Das Gemüse vom Herd nehmen und im
Topf mit dem Stabmixer fein pürieren. Zu-
letzt die Suppe mit etwas Salz, Pfeffer und
Curry würzen. Warm halten.

4 Inzwischen das Fleisch waschen, trocken
tupfen und in Streifen schneiden. Das restliche Öl in einer Pfanne erhitzen und das
Fleisch darin rundum ca. 8 Min. anbraten.
Die Suppe mit den Putenstreifen servieren.

Nährwert pro Portion:

	ca. 415 kcal		13 g F
	40 g EW		36 g KH

LACHS MIT SPINAT

und Feta

500 g TK-Blattspinat
(aufgetaut)
200 g Kirschtomaten
80 g Schafskäse (Feta)
2 Knoblauchzehen
1 EL Frischkäse (16 % Fett)
Salz | Pfeffer
2 Lachsfilets (à ca. 125 g)
1 EL Zitronensaft

Für 2 Personen
10 Min. Zubereitung
20 Min. Garen

Nährwert pro Portion:

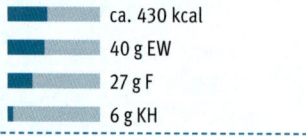

ca. 430 kcal
40 g EW
27 g F
6 g KH

1 Den Backofen auf 220° vorheizen. Den aufgetauten Spinat in einem Sieb gut ausdrücken und in einer Auflaufform verteilen.

2 Die Tomaten waschen und halbieren. Den Schafskäse in Würfel schneiden. Den Knoblauch schälen und zum Spinat pressen. Den Spinat mit Knoblauch und Frischkäse in der Auflaufform mischen und mit Salz und Pfeffer würzen. Die Tomatenhälften auf dem Spinat verteilen.

3 Den Lachs waschen und trocken tupfen. Die Filets auf das Gemüse setzen und ebenfalls mit Salz und Pfeffer würzen. Den Zitronensaft über den Lachs träufeln und die Schafskäsewürfel darüberbröseln.

4 Den Lachs im Ofen (Mitte) ca. 20 Min. garen. Aus dem Ofen nehmen und kurz abkühlen lassen. Dann Fisch und Gemüse auf Tellern anrichten.

TIPP
Dazu schmeckt für jeden 1 Scheibe Vollkornbaguette (30 g).

LIEFERT
VIEL EISEN

ÜBER-
RASCHUNG
AUS DEM
OFEN

LACHS-ZUCCHINI-PÄCKCHEN
mit Couscous

100 g Couscous
200 ml heiße Gemüsebrühe
300 g Zucchini
1 Bund Frühlingszwiebeln
½ TL Zimtpulver
½ TL Chilipulver
1 TL Currypulver
Salz | Pfeffer
2 Lachsfilets (à ca. 125 g)
2 EL TK-Petersilie
1 EL Olivenöl
1 Bio-Zitrone
15 g heller Sesam
etwas Chiliflocken nach
Belieben

Für 2 Personen
10 Min. Zubereitung
20 Min. Garen

Nährwert pro Portion:

ca. 565 kcal
36 g EW
27 g F
43 g KH

1 Den Backofen auf 220° vorheizen. Auf einem Backblech 2 Stück Backpapier bereitlegen.

2 Den Couscous in einer Schale mit der heißen Gemüsebrühe übergießen und ca. 5 Min. quellen lassen. Inzwischen die Zucchini putzen, waschen und in Würfel schneiden. Die Frühlingszwiebeln putzen, waschen und in dünne Ringe schneiden. Den Couscous mit Zimt, Chili, Curry, Salz und Pfeffer würzen und die Frühlingszwiebeln untermischen.

3 Zuerst jeweils die Hälfte des Couscous und anschließend die Hälfte der Zucchiniwürfel in die Mitte der Backpapierbögen verteilen. Die Lachsfilets waschen, trocken tupfen und jeweils auf die Zucchini setzen. Den Fisch und das Gemüse mit Salz und Pfeffer würzen, mit der Petersilie bestreuen und mit dem Öl beträufeln.

4 Die Zitrone heiß waschen, abtrocknen und aus der Mitte 4 dünne Scheiben schneiden. Je 2 Zitronenscheiben auf die Fischfilets legen und zuletzt alles mit Sesam und etwas Chiliflocken bestreuen. Das Backpapier eng zusammenfalten und die Enden fest zudrehen. Die Lachs-Zucchini-Päckchen im Ofen (Mitte) ca. 20 Min. garen.

5 Die Päckchen aus dem Ofen nehmen und auf Tellern anrichten, zum Servieren öffnen (Vorsicht, heißer Dampf entweicht!). Dazu schmeckt ein gemischter Salat.

KABELJAU IN SENFSAUCE
mit Möhren

600 g Möhren
1 EL Rapsöl
Salz | Pfeffer
100 ml Gemüsebrühe
125 g Frischkäse (16 % Fett)
1 EL mittelscharfer Senf
1 EL Zitronensaft
1 Knoblauchzehe
2 EL gehackte TK-Petersilie
250 g Kabeljaufilet
100 g Hirse

Für 2 Personen
25 Min. Zubereitung
15 Min. Garen

Nährwert pro Portion:

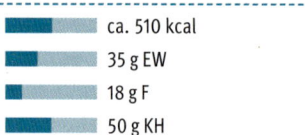

ca. 510 kcal
35 g EW
18 g F
50 g KH

1 Den Backofen auf 220° vorheizen. Die Möhren putzen, schälen und schräg in dünne Scheiben schneiden. Das Öl in einer Pfanne erhitzen und die Möhren darin bei mittlerer Hitze ca. 2 Min. andünsten und mit Salz und Pfeffer würzen. Die Brühe dazugießen und alles noch ca. 4 Min. dünsten.

2 Inzwischen Frischkäse, Senf und Zitronensaft in einer kleinen Schüssel gründlich verrühren. Den Knoblauch schälen und dazupressen, die Petersilie untermischen und die Sauce mit Salz und Pfeffer würzen.

3 Die Möhren in einer Auflaufform verteilen und die Hälfte der Senfsauce darübergießen. Das Kabeljaufilet waschen, trocken tupfen und auf die Möhren legen, leicht mit Salz und Pfeffer würzen. Anschließend die übrige Sauce darauf verteilen und den Fisch im Ofen (Mitte) ca. 15 Min. garen.

4 Inzwischen die Hirse in einem Topf mit der doppelten Menge Salzwasser aufkochen und zugedeckt bei schwacher Hitze ca. 10 Min. köcheln lassen. Vom Herd nehmen und noch ca. 10 Min. ausquellen lassen. Den Auflauf aus dem Ofen nehmen und mit der Hirse auf Tellern servieren.

TIPP
Wenn es einmal noch schneller gehen soll, können Sie TK-Möhrenwürfel verwenden. Dazu am besten über Nacht auftauen lassen und dann direkt in die Form geben.

MIT VIEL
GEMÜSE

OFENFORELLEN
mit fruchtigem Wintersalat

2 Forellen (à ca. 200 g, küchenfertig)
Salz | Pfeffer
1 EL Olivenöl
½ Bund Petersilie
4 Zweige Rosmarin
2 kleine Bio-Zitronen
200 g Feldsalat
2 Möhren
1 Apfel
½ Schalotte
1 TL süßer Senf
2 EL Walnussöl
1 TL Ahornsirup
2 EL Weißweinessig

Für 2 Personen
20 Min. Zubereitung
20 Min. Garen

Nährwert pro Portion:

- ca. 310 kcal
- 23 g EW
- 19 g F
- 12 g KH

1 Den Backofen auf 180–200° (je nachdem, wie dick die Fische sind) vorheizen. Auf einem Backblech zwei Stück Alufolie bereitlegen.

2 Die Forellen innen und außen kalt waschen, trocken tupfen. Salz, Pfeffer und Olivenöl zu einer Marinade verrühren und die Fische damit rundum bestreichen. Die Petersilie waschen, trocken tupfen und grob hacken. Den Rosmarin waschen und trocken tupfen. Die Fische mit der gehackten Petersilie und je 2 Rosmarinzweigen füllen.

3 Jede Forelle auf ein Stück Alufolie legen. Die Zitronen heiß waschen, abtrocknen und in Scheiben schneiden. Die Fische mit den Zitronenscheiben belegen, jeweils gut in Alufolie wickeln und im Ofen (Mitte) ca. 20 Min. garen.

4 Inzwischen den Feldsalat verlesen, waschen und trocken schleudern, in eine Salatschüssel geben. Die Möhren putzen, schälen und auf der Gemüsereibe grob raspeln. Den Apfel waschen, vierteln und entkernen, in kleine Würfel schneiden. Möhren und Apfel auf den Salat geben.

5 Die Schalotte schälen, fein hacken und in einer kleinen Schüssel mit Senf, Walnussöl, Ahornsirup und Essig gründlich mischen, mit Salz und Pfeffer würzen. Die Vinaigrette mit den Salatzutaten gründlich mischen.

6 Die Forellen aus dem Ofen nehmen und auf Tellern anrichten, zum Servieren die Folie öffnen (Vorsicht, heißer Dampf entweicht!). Den Salat dazu reichen.

LACHSFILET auf Brokkolimus

300 g Brokkoli
Salz
20 g Butter
Pfeffer
frisch geriebene
Muskatnuss
50 ml Milch (1,5 % Fett)
300 g Lachsfilet (mit Haut)
1 EL Rapsöl
2 EL Mandelblättchen
2 EL körniger Frischkäse
oder Frischkäse

**Für 2 Personen
30 Min. Zubereitung**

Nährwert pro Portion:

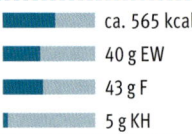

ca. 565 kcal
40 g EW
43 g F
5 g KH

1 Den Brokkoli putzen, waschen und in Röschen zerteilen, die Stiele schälen und klein schneiden. Den Brokkoli in Salzwasser ca. 5 Min. bissfest garen, dann in ein Sieb abgießen, kalt abschrecken und abtropfen lassen.

2 Dann den Brokkoli in einem Topf in der Butter andünsten und mit Salz, Pfeffer und Muskatnuss würzen. Die Milch fast vollständig dazugießen und alles mit dem Stabmixer pürieren. Anschließend das Mus nochmals abschmecken und bei Bedarf noch etwas Milch hinzufügen, warm halten.

3 Währenddessen den Lachs waschen, trocken tupfen und halbieren, mit Salz und Pfeffer würzen. Das Öl in einer Pfanne erhitzen und den Fisch darin zugedeckt auf der Hautseite ca. 10 Min. braten.

4 Inzwischen die Mandelblättchen in einer Pfanne ohne Fett kurz anrösten, herausnehmen und abkühlen lassen.

5 Zum Servieren Lachs und Brokkolimus auf Tellern anrichten. Jeweils 1 EL Frischkäse als kleine Haube auf das Brokkolimus setzen und mit den Mandelblättchen bestreuen.

REICH AN OMEGA-3

GARNELEN auf Zucchininudeln

100 g Vollkornspaghetti | Salz | 300 g Zucchini | 2 kleine Knoblauchzehen | 300 g Garnelen (frisch oder TK) | 1,5 EL Olivenöl | Zitronenpfeffer | 2 EL geriebener Parmesan
Für 2 Personen | 30 Min. Zubereitung

1 Die Nudeln in kochendem Salzwasser nach Packungsanweisung bissfest garen. Zucchini putzen, waschen und mit dem Julienneschneider in dünne Streifen schneiden. Ca. 3 Min. vor Ende der Garzeit der Nudeln die Zucchini zu den Spaghetti geben und mitgaren. Beides in ein Sieb abgießen und abtropfen lassen, warm halten.

2 Inzwischen den Knoblauch schälen und fein hacken. Garnelen waschen und trocken tupfen. Knoblauch in einer Pfanne im Öl andünsten, Garnelen hinzufügen und darin bei mittlerer Hitze ca. 5 Min garen. Mit Salz und Zitronenpfeffer würzen, warm halten.

3 Die Zucchininudeln auf Tellern anrichten und die Garnelen daraufsetzen. Zum Servieren mit je 1 EL Parmesan bestreuen.

TIPP
Alternativ können Sie Zucchini (wie auch Möhren oder Kohlrabi) mit einem Spiralschneider zu Gemüsenudeln schneiden. Für Pasta ohne Effekt auf den Blutzucker! Einfach in Salzwasser 2–3 Min. garen oder in der Pfanne in wenig Öl 4–5 Min. braten.

Nährwert pro Portion:

ca. 455 kcal		15 g F
41 g EW		39 g KH

FISCHEINTOPF mit Gemüse

1 Stange Lauch | 1 kleine Zwiebel | 2 Knob-
lauchzehen | je 150 g Seelachsfilet und
Kabeljau- oder Rotbarschfilet (frisch oder
TK, aufgetaut) | Salz | Pfeffer | 2 EL Olivenöl |
400 g stückige Tomaten (aus der Dose) |
100 ml Weißwein | 2 EL Zitronensaft |
1 TL getr. Rosmarin | 1 TL getr. Estragon |
1 TL getr. Thymian | 2 geh. EL gehackte
TK-Petersilie
Für 2 Personen | 30 Min. Zubereitung

1 Den Lauch putzen, waschen und in Ringe
schneiden. Zwiebel und Knoblauch schälen
und fein hacken. Den Fisch waschen und
trocken tupfen, mit Salz und Pfeffer würzen
und in mundgerechte Stücke schneiden.

2 Das Öl in einem hohen Topf erhitzen und
Lauch, Zwiebel und Knoblauch darin andünsten. Die Tomatenstücke samt Saft dazugießen und die Fischstücke hinzufügen.
Den Wein mit dem Zitronensaft dazugießen.

3 Alles mit Rosmarin, Estragon und
Thymian sowie Salz und Pfeffer würzen.
Den Eintopf zugedeckt bei mittlerer Hitze
ca. 10 Min. köcheln lassen.

4 Zum Servieren den Eintopf vom Herd
nehmen und auf tiefe Teller verteilen. Mit
der Petersilie bestreuen.

Nährwert pro Portion:

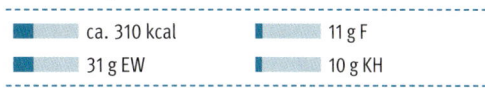

	ca. 310 kcal		11 g F
	31 g EW		10 g KH

ERDBEERCREME MIT MINZE

150 g Erdbeeren
(frisch oder TK)
6 frische Minzblätter
200 g Joghurt (3,5 % Fett)
1 sehr frisches Eiweiß

Für 2 Personen
15 Min. Zubereitung

Nährwert pro Portion:

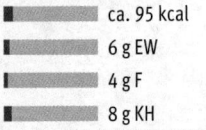

- ca. 95 kcal
- 6 g EW
- 4 g F
- 8 g KH

1 Die Erdbeeren putzen, waschen und entstielen (TK-Ware rechtzeitig in einem Sieb auftauen und abtropfen lassen). Ein Viertel der Beeren je nach Größe halbieren oder vierteln und beiseitestellen, den Rest ganz lassen. Die Minzblätter waschen und trocken tupfen.

2 Den Joghurt mit den ganzen Erdbeeren und 4 Minzblättern in einen hohen Rührbecher geben und mit dem Stabmixer fein pürieren. Das Eiweiß mit den Quirlen des Handrührgeräts steif schlagen und vorsichtig mit einem Teigschaber unter die Joghurtcreme heben.

3 Die Joghurtcreme auf Dessertschalen verteilen und jeweils mit 1 Minzblatt und den beiseitegestellten Erdbeerstücken garnieren.

TIPP
Anstelle der Erdbeeren lassen sich auch andere Beeren wie Himbeeren oder Johannisbeeren verwenden. Die Kombination von Früchten und Kräutern kann tolle Geschmacksvarianten hervorbringen. Sie können dieses Rezept zum Beispiel auch mit der Kombi Nektarinen und Basilikum probieren, dabei die Nektarinen vor dem Pürieren schälen. Oder Sie versuchen einmal Ananas und Thymian!

MIT
CREMIGEM
JOGHURT

KOKOS-PANCAKES
mit Beeren

60 g Dinkelmehl (Type 630)
½ TL Backpulver
180 ml ungesüßter Mandel-
drink (ersatzweise – lak-
tosefreie – Kuhmilch oder
Soja- oder Haferdrink)
2 Eier
30 g Kokosraspel
1 EL flüssiger Honig
100 g gemischte Beeren
(z. B. Brom-, Him-, Erd-,
Johannisbeeren)
2 TL Rapsöl
2 TL Honig oder Agavensirup

Für 2 Personen
25 Min. Zubereitung

1 Dinkelmehl, Backpulver und Mandeldrink in einer Rühr-schüssel mit einem Schneebesen verrühren. Die Eier mit Kokosraspeln und Honig hinzufügen und gründlich unter-mischen. Den Pancaketeig ca. 5 Min. quellen lassen.

2 Inzwischen die Beeren verlesen, waschen und trocken tupfen. Jeweils etwas Öl in einer beschichteten Pfanne erhitzen, 2–3 EL Teig (beziehungsweise 1 kleine Kelle Teig) hineingeben und den Pancake auf beiden Seiten goldbraun braten. Dann herausnehmen und auf Küchenpapier abtrop-fen lassen. Auf diese Art noch weitere 5 Pankcakes backen.

3 Die Pancakes mit den Beeren und dem Honig oder Agavensirup anrichten.

TIPP

Anstelle von Beeren können Sie die Pancakes auch mit anderen Früchten servieren. Gut eignen sich dafür zum Beispiel Apfel- oder Birnenspalten.

Nährwert pro Portion:

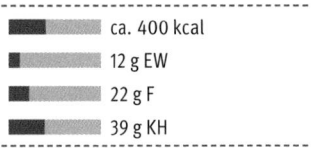

ca. 400 kcal
12 g EW
22 g F
39 g KH

Für Pancakes, Pfannkuchen und Crêpes eignet sich Buchweizenmehl sehr gut – Sie können die Hälfte des Mehls dadurch ersetzen. Das Pseudogetreide liefert weniger Kohlenhydrate als normales Mehl.

DESSERT
AUS DER
PFANNE

DICKMILCHCREME
mit Cassis-Topping

125 g Dickmilch (1,5 % Fett) | 125 g Joghurt
(1,5 % Fett) | ½ TL gemahlene Vanille |
150 g Schwarze Johannisbeeren | 1 EL Voll-
rohrzucker
Für 2 Personen | 10 Min. Zubereitung

1 Die Dickmilch und den Joghurt mit der
Vanille in eine Rührschüssel geben und mit
einem Schneebesen zu einer glatten Creme
verrühren.

2 Die Johannisbeeren verlesen, waschen
und von den Rispen streifen. Die Beeren in
einen hohen Rührbecher geben. Den Voll-
rohrzucker hinzufügen und alles mit dem
Stabmixer fein pürieren.

3 Die Dickmilchcreme auf Dessertgläser
verteilen und das Cassis-Mus als Topping
daraufschichten.

TIPP
Statt des Cassis-Toppings können Sie aus
der gleichen Menge Physalis ein orangenes
Topping für die Dickmilchcreme wie beschrieben herstellen.

Nährwert pro Portion:

ca. 110 kcal	1 g F
5 g EW	17 g KH

FRISCHKÄSECREME

mit Blaubeeren

125 g Blaubeeren (frisch oder TK) | 2 EL Leinöl | ½ TL Zimtpulver | ½ TL gemahlener Kardamom | 250 g körniger Frischkäse | etwas flüssiger Süßstoff (nach Belieben)
Für 2 Personen | 8 Min. Zubereitung

1 Die Blaubeeren verlesen, waschen und trocken tupfen. Die Beeren in einen hohen Rührbecher geben und Leinöl, Zimt und Kardamom hinzufügen. Dann alles mit dem Stabmixer fein pürieren.

2 Das Fruchtmus unter den Frischkäse mischen und die Creme nach Belieben mit einigen Tropfen Süßstoff abschmecken. Zum Servieren die Fruchtkäsecreme auf Dessertschalen verteilen.

TIPP

Wer will, garniert die Creme noch mit einigen ganzen Beeren. Leinöl enthält viele Omega-3-Fettsäuren, die im Körper entzündungshemmend wirken. Achten Sie beim Kauf auf hochwertige Produkte, die am besten unter Ausschluss von Sauerstoff, Hitze und Licht hergestellt wurden (Oxygard-/Omega-Safe-Verfahren). Wichtig: Leinöl nie erhitzen!

Nährwert pro Portion:

ca. 225 kcal		15 g F
15 g EW		7 g KH

HIMBEER-MANDEL-MUFFINS

150 g Himbeeren
(frisch oder TK)
200 g Mandelmehl
150 g gemahlene Mandeln
(siehe Tipp; ersatzweise
gemahlene Haselnusskerne)
2 TL Backpulver
60 g Rohrohrzucker
3 Eier
150 ml Milch (3,5 %)
200 g Joghurt (3,5 % Fett)
12 Muffinpapier-
backförmchen

Für 1 12er-Muffinblech
15 Min. Zubereitung
20 Min. Backen

Nährwert pro Stück:

- ca. 185 kcal
- 12 g EW
- 11 g F
- 8 g KH

1 Den Backofen auf 180° (Umluft) vorheizen. Die Mulden des Muffinblechs mit Papierbackförmchen auslegen. Die Himbeeren verlesen, waschen und trocken tupfen (TK-Ware rechtzeitig in einem Sieb auftauen und abtropfen lassen).

2 Zunächst alle trockenen Zutaten (Mandelmehl, gemahlene Mandeln, Backpulver und Zucker) in einer Rührschüssel gründlich mischen. Dann Eier, Milch und Joghurt dazugeben und alles mit den Quirlen des Handrührgeräts zu einem glatten Teig verrühren. Falls der Teig zu fest ist, noch etwas Milch hinzufügen.

3 Die Himbeeren vorsichtig mit einem Löffel unter den Teig heben. Die Masse gleichmäßig auf die Mulden verteilen und die Muffins im Ofen (Mitte) 15–20 Min. backen. Die Muffins aus dem Ofen nehmen und kurz abkühlen lassen, dann aus den Mulden lösen und vollständig abkühlen lassen.

INFO

Für die Herstellung von gemahlenen Mandeln werden ganze Mandeln (mit oder ohne Schale) fein gerieben. Sie enthalten damit alle Inhaltsstoffe der Mandeln und weisen auch einen höheren Fettanteil als Mandelmehl auf. Denn Mandelmehl wird aus den Mandelresten nach der Ölgewinnung hergestellt. Nachdem das Öl aus den Mandeln gepresst wurde, bleibt eine Restmasse, die – fein gerieben – weiter zu Mandelmehl verarbeitet wird. Dadurch erklärt sich der geringere Fettanteil und gleichzeitig höhere Eiweißanteil des Mehls im Vergleich zu gemahlenen Mandeln.

GUT ZUM
MITNEHMEN

SCHMECKT
NACH
URLAUB

KARIBISCHER KOKOSTRAUM

100 g Magerquark (ersatz-
weise Frischkäse 16 % Fett)
100 ml Kokosmilch
(aus der Dose,
60 % Kokosanteil)
1 EL Kokosraspel
etwas flüssiger Süßstoff
(nach Belieben)
1 Mango
2 EL Pinienkerne

Für 2 Personen
15 Min. Zubereitung

Nährwert pro Portion:

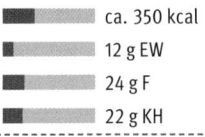

ca. 350 kcal

12 g EW

24 g F

22 g KH

1 Den Quark mit der Kokosmilch, den Kokosraspeln und nach Belieben einigen Tropfen Süßstoff in eine Schüssel geben und mit einem Schneebesen zu einer cremigen Masse verrühren. Dann die Kokoscreme auf Gläser oder Dessertschalen verteilen.

2 Die Mango schälen und das Fruchtfleisch erst vom langen, flachen Kern schneiden. Anschließend das Frucht-fleisch in kleine Würfel schneiden und auf den Kokoscreme-schalen verteilen.

3 Zum Schluss die Pinienkerne in einer beschichteten Pfanne ohne Fett rösten, bis sie eine goldbraune Farbe an-nehmen. Zum Servieren auf dem Dessert verteilen.

TIPP

Statt der Mango können Sie auch 1 Papaya oder 300 g frische Ananas in kleine Würfel schneiden und über die Kokoscreme streuen. Für einen exotischen Hauch pro Person 2 Maracujas (Passionsfrüchte) halbieren, mit einem Teelöffel jeweils das fruchtig-saure Fruchtfleisch auslösen und wie beschrieben verwenden.

WARMES BIRNEN-APFEL-KOMPOTT

mit Nusshaube

1 Birne
1 Apfel
1 Eiweiß
1 Päckchen Vanillezucker
1 EL gemahlene Hasel-
nusskerne

Für 2 Personen
25 Min. Zubereitung
7 Min. Backen

Nährwert pro Portion:

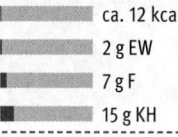

ca. 12 kcal
2 g EW
7 g F
15 g KH

1 Den Backofen auf 175° Oberhitze vorheizen.

2 Die Birne und den Apfel waschen, vierteln und entkernen. Dann die Viertel jeweils in grobe Stücke schneiden.
Das Obst in einem Topf mit ca. 4 EL Wasser erhitzen und
zugedeckt bei schwacher Hitze ca. 5 Min. zu einem Kompott
einkochen lassen.

3 Das Birnen-Apfel-Kompott vom Herd nehmen und etwas
abkühlen lassen, dann in ofenfeste Dessertschalen oder
Becher füllen.

4 Das Eiweiß in einem hohen Rührbecher mit den Quirlen
des Handrührgeräts steif schlagen. Den Vanillezucker unter
weiterem Rühren langsam einrieseln lassen. Zum Schluss
die Haselnüsse vorsichtig mit einem Teigschaber unter den
Eischnee heben.

5 Den Nusseischnee als Baiserhauben auf die Kompott-
schalen verteilen und im Ofen (Mitte) 5–7 Min. goldbraun
backen. Aus dem Ofen nehmen und vor dem Servieren kurz
abkühlen lassen.

LECKER IM
HERBST

Leichte MOUSSE AU CHOCOLAT

250 g Magerquark | 1 EL ungesüßtes Kakao-
pulver (Backkakao) | 2–4 Tropfen Rumaro-
ma | etwas flüssiger Süßstoff | 80 ml Milch
(1,5 % Fett) | 1 TL lösliches Kaffeegranulat |
4–5 EL Mineralwasser mit Kohlensäure
Für 2 Personen | 10 Min. Zubereitung

1 Quark, Kakaopulver, Rumaroma und
Süßstoff in eine Schüssel geben, mit einem
Schneebesen gleichmäßig mischen und mit
der Milch cremig rühren.

2 Das Kaffeegranulat in etwa 1 EL Mineralwasser auflösen und ebenfalls unter die
Quarkmasse mischen. Dann die Mousse au
chocolat mit so viel Mineralwasser kräftig
aufschlagen, bis sie eine cremige Konsis-
tenz erhalten hat.

3 Die Mousse au chocolat auf Dessert-
schälchen verteilen und sofort servieren.

TIPP
Mithilfe einiger Tropfen Aroma lässt sich
dieses Dessert herrlich leicht abwandeln.
Sie können statt des Rumaromas beispielsweise auch Mandelaroma verwenden – das
ergibt eine köstliche Marzipannote.

Nährwert pro Portion:

ca. 145 kcal	3 g F
20 g EW	7 g KH

Heiße GEWÜRZMILCH

300 ml Milch (1,5 % Fett) | 200 ml Kokos-
milch (aus der Dose, 60 % Kokosanteil) |
½ TL Zimtpulver | ½ TL gemahlener Karda-
mom | ausgekratztes Mark von 1 Vanille-
schote (ersatzweise ½ TL Vanillepulver) |
1 EL flüssiger Honig
Für 2 Personen | 8 Min. Zubereitung

1 Die Milch mit der Kokosmilch in einen
Topf geben und langsam erhitzen, dabei
ständig mit einem Schneebesen umrühren.
Dann Zimt, Kardamom und Vanillemark
hinzufügen und alles ca. 1 Min. leicht
köcheln lassen.

2 Die Gewürzmilch vom Herd nehmen und
den Honig unter Rühren untermischen.
Anschließend auf Tassen oder hitzefeste
Gläser verteilen und noch heiß servieren.

TIPP

Für eine vegane Version beziehungsweise
für Kuhmilchallergiker kann dieses Rezept
auch mit ungesüßter Hafer- oder Mandel-
milch anstelle der Kuhmilch zubereitet
werden. Wer will, ersetzt den Honig durch
Agavendicksaft. Wenn man zu den Ge-
würzen noch gemahlenen Koriander und
Muskatnuss hinzufügt, profitiert davon
besonders die Gelenke bei Arthrose und
Rheuma.

Nährwert pro Portion:

ca. 300 kcal		21 g F	
9 g EW		17 g KH	

KOKOSCREME
mit Basilikumpfirsichen

100 g Magerquark
100 g Joghurt (1,5 % Fett)
2 EL Kokosraspel
1 EL Agavensirup
etwas Mineralwasser
mit Kohlensäure
(nach Belieben)
1 reifer Pfirsich
1 TL Speisestärke
1 EL Rohrohrzucker
(nach Belieben)
4–6 große Basilikumblätter

Für 2 Personen
20 Min. Zubereitung

Nährwert pro Portion:

- ca. 230 kcal
- 10 g EW
- 10 g F
- 23 g KH

1 Den Magerquark mit Joghurt, Kokosraspeln und Agavensirup in eine Rührschüssel geben und mit den Quirlen des Handrührgeräts zu einer gleichmäßigen Creme aufschlagen. Dabei nach Belieben etwas kohlensäurehaltiges Mineralwasser unterheben.

2 Den Pfirsich waschen, häuten, vierteln und entkernen. Anschließend das Fruchtfleisch in kleine Würfel schneiden. Die Speisestärke mit ca. 100 ml kaltem Wasser mit einem Schneebesen ohne Klümpchen verrühren und mit den Pfirsichstücken in einem Topf erhitzen.

3 Dann den Pfirsich so lange bei mittlerer Hitze unter Rühren köcheln lassen, bis die Flüssigkeit etwas eingedickt ist. Nach Belieben mit Rohrzucker etwas nachsüßen, den Topf vom Herd nehmen und das Kompott abkühlen lassen.

4 Die Basilikumblätter waschen, trocken tupfen und fein hacken. Sobald das Fruchtkompott abgekühlt ist, das Basilikum unterrühren. Die Kokoscreme auf Dessertschalen verteilen und die Basilikumpfirsiche daraufschichten.

SOMMER-
LICHER
GENUSS

MANDEL-CRÊPES

mit Limetten-Dip

3 Eier | 40 g gemahlene Mandeln |
40 g Frischkäse (16 % Fett) | 100 ml unge-
süßter Mandeldrink | 1 Msp. Backpulver |
2–4 Tropfen Mandel-Backaroma | etwas flüs-
siger Süßstoff (nach Belieben) | 1–2 EL Raps-
öl | ½ Bio-Limette | 100 g Joghurt (1,5 % Fett)
Für 2 Personen | 25 Min. Zubereitung

1 Die Eier mit Mandeln, Frischkäse, Mandeldrink und Backpulver in eine Rührschüssel geben und mischen. Backaroma und
nach Belieben etwas Süßstoff hinzufügen
und alles mit einem Schneebesen zu einem
homogenen Teig verrühren.

2 Jeweils etwas Öl in einer beschichteten
Pfanne erhitzen, ein Viertel des Teiges hineingeben und von beiden Seiten zu einem

dünnen Crêpe backen. Herausnehmen und
warm halten. Auf diese Weise insgesamt
4 Crêpes ausbacken.

3 Inzwischen die Limette heiß waschen,
abtrocknen und die Schale fein abreiben.
Die Limettenschale mit dem Joghurt in einer
kleinen Schüssel glatt verrühren.

4 Jeweils 2 Mandel-Crêpes noch warm mit
dem Limetten-Joghurt-Dip servieren.

Nährwert pro Portion:

ca. 375 kcal	32 g F
18 g EW	4 g KH

AVOCADOCREME

mit Erdbeeren

**1 reife Avocado | 75 g Frischkäse (16 % Fett) |
1 EL flüssiger Honig | 2 EL Pistazienkerne |
150 g Erdbeeren**
Für 2 Personen | 15 Min. Zubereitung

1 Die Avocado halbieren, den Kern entfernen und das Fruchtfleisch mit einem Esslöffel aus den Schalen lösen. Anschließend sofort mit Frischkäse und Honig in einer Schüssel zu einer cremigen Masse verrühren und auf Dessertschalen verteilen.

2 Die Pistazien in einer beschichteten Pfanne ohne Fett so lange anrösten, bis sie goldbraun sind und duften. Herausnehmen und abkühlen lassen. Inzwischen die Erdbeeren putzen, waschen und entstielen, dann vierteln.

3 Zum Servieren die Erdbeerviertel auf der Avocadocreme verteilen und alles mit den gerösteten Pistazien garnieren.

Nährwert pro Portion:

ca. 470 kcal		41 g F
9 g FW		16 g KH

PAPAYA-CARPACCIO

mit Nuss-Topping

1 Handvoll gemischte,
ungesalzene Nusskerne
(z. B. Walnusskerne,
Mandeln, Cashewkerne)
1 TL Butter
1 TL ungesüßtes Kakao-
pulver (Backkakao)
½ TL Zimtpulver
½ Papaya (ca. 200 g Fruchtfleisch)
5 Zitronenmelissenblätter
Saft von ½ Orange

Für 2 Personen
20 Min. Zubereitung

Nährwert pro Portion:

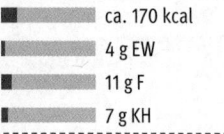

■■	ca. 170 kcal
■	4 g EW
■	11 g F
■	7 g KH

1 Die Nüsse mit einem großen Messer grob hacken. Die Butter in einer beschichteten Pfanne zerlassen und die gehackten Nüsse darin gut verrühren, damit die Nüsse rundum leicht von Butter ummantelt sind. Vom Herd nehmen. Das Kakaopulver und den Zimt über die gebutterten Nüsse streuen, alles gut mischen und abkühlen lassen.

2 Währenddessen die Papaya ggf. schälen und das Fruchtfleisch in sehr dünne Scheiben schneiden. Das Papaya-Carpaccio auf Desserttellern fächerförmig anrichten.

3 Für das Dressing die Zitronenmelisse waschen, trocken tupfen und fein hacken. Mit dem Orangensaft mischen und über das Papaya-Carpaccio träufeln. Zum Servieren die Kakao-Nuss-Streusel darauf verteilen.

TIPP
Nüsse sind ein gesunder Snack und bestens geeignet für unterwegs. Sie geben Power, ohne dabei den Blutzuckerspiegel ansteigen zu lassen. Eine Handvoll am Tag versorgt Sie mit hochwertigen Omega-3-Fettsäuren.

EXOTIK-
DESSERT MIT
BISS

Blitzschnelles BROMBEEREIS

4 Minzblätter | 2 TL ungesalzene Pistazien-
kerne | 150 g TK-Brombeeren | 100 g Joghurt
(1,5 % Fett) | 1 TL Puderzucker
Für 2 Personen | 5 Min. Zubereitung

1 Die Minzblätter waschen und trocken
tupfen. Die Pistazien fein hacken.

2 Die tiefgekühlten Brombeeren mit
Joghurt, Puderzucker und Minzblättern in
einen hohen Rührbecher geben und alles
mit dem Stabmixer zügig zu einer feinen Eis-
masse pürieren.

3 Zum Servieren das Blitzeis auf Dessert-
schälchen verteilen und mit den Pistazien
garnieren.

VARIANTE

Wenn Sie dieses Rezept abwandeln möchten, ist es wichtig, auf TK-Obst zurückzu-
greifen – so ist das Eis im Handumdrehen
fertig. Natürlich können Sie auch selbst ein-
gefrorene Obstsorten wie Johannisbeeren,
Erdbeeren oder Pflaumen verwenden. Bei
der Pflaumenvariante passt statt der Minze
1 Prise Zimtpulver besser zum Geschmack.

Nährwert pro Portion:

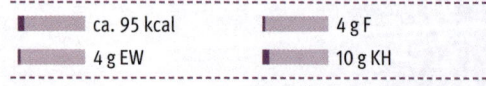

ca. 95 kcal		4 g F
4 g EW		10 g KH

CHIAPUDDING mit Beeren

4 EL Chiasamen | 200 ml ungesüßter Nuss-oder Mandeldrink (ersatzweise Kuhmilch, 1,5 % Fett) | 2 EL flüssiger Honig | 150 g gemischte Beeren (z. B. Blau-, Erd-, Himbeeren) | 4 Minzblätter | 2 EL Cashewkerne
Für 2 Personen | 5 Min. Zubereitung | 20 Min. (über Nacht) Quellen

1 Die Chiasamen mit dem Nuss- oder Mandeldrink verrühren und quellen lassen: Dabei zuerst ca. 15 Min. quellen lassen und währenddessen etwa alle 5 Min. kurz umrühren. Danach ohne Rühren noch ca. 5 Min. quellen lassen (alternativ über Nacht quellen lassen). Den Honig untermischen.

2 Währenddessen die Beeren verlesen, waschen und trocken tupfen. Große Erdbeeren klein schneiden. Die Minzblätter

waschen, trocken tupfen, fein hacken und unter die Beeren mischen.

3 Den Chiapudding abwechselnd mit der Minz-Beeren-Mischung auf Gläser oder Dessertschalen verteilen. Die Cashewkerne in einer beschichteten Pfanne ohne Fett goldbraun anrösten und zum Servieren über Pudding und Beeren streuen.

Nährwert pro Portion:

	ca. 330 kcal		17 g F
	10 g EW		30 g KH

LITERATUREMPFEHLUNGEN

Abnehmen nach dem 20:80-Prinzip: 20% Verhalten ändern, 80% Essgewohnheiten behalten von Ernährungs-Doc Dr. Matthias Riedl; GRÄFE UND UNZER VERLAG 2017

Achtsam essen: Vergiss alle Diäten und entdecke die Weisheit deines Körpers von Jan Chozen Bays und Cordula Kolarik; Arbor 2009

BE bequem berechnet: Über 850 aktuelle Fertigprodukte, Süßigkeiten und Getränke: BE und Kalorien auf einen Blick von Margarete Heusch und Anja Lemloh; Trias 2012

Das große Diabetiker-Kochbuch von Friedrich Bohlmann, Doris Fritzsche und Marlisa Szwillus; GRÄFE UND UNZER VERLAG 2011

Diabetes: Der Einkaufsberater von A–Z von Doris Fritzsche; GRÄFE UND UNZER VERLAG 2016

Gesund durch Meditation: Das große Buch der Selbstheilung mit MSBR von Jon Kabat-Zinn; Knaur MensSana 2013

Gesund essen – Diabetes-Kochbuch: Genussvoll den Blutzucker im Griff von Dr. Matthias Riedl; GRÄFE UND UNZER VERLAG 2015

Gut leben mit Typ-I-Diabetes: Arbeitsbuch zur Basis-Bolus-Therapie von Renate Jäckle, Renate Schrader, Axel Hirsch und Manfres Dreyer; Urban & Fischer 2014

Ich lebe gut mit Diabetes Typ 2. Ein Motivationsbuch. Ernährung – Bewegung – Lebensfreude von Elisabeth Manke und Nicola Koch; Pala 2005

Köstlich essen bei Diabetes: Über 140 Rezepte: Keine Probleme mit Zucker und Cholesterin von Kirsten Metternich; Trias 2010

Schulungsbuch für Diabetiker von Gerhard-Walter Schmeisl; Taschenbuch; Urban & Fischer 2015

ADRESSEN, DIE WEITERHELFEN

Diabetes-Fachgesellschaften
www.deutsche-diabetes-gesellschaft.de
www.deutsche-diabetes-union.de
www.diabetesstiftung.de
Hier können Sie mit dem GesundheitsCheck DIABETES (FINDRISK) in nur 8 Fragen das individuelle Risiko, in den nächsten 10 Jahren an Typ-2-Diabetes zu erkranken, einfach und schnell ermitteln.
www.ddfi.uni-duesseldorf.de
www.oedg.org
www.diabetesgesellschaft.ch
www.zdg.ch
www.easd.org

Selbsthilfegruppen
www.nakos.de
www.diabetikerbund.de
www.bund-diabetischer-kinder.de
www.insuliner.de
www.insulinpumpentraeger.de
www.das-zuckerkranke-kind.de
www.aktive-diabetiker.at
www.diabetes.or.at

Ernährung
www.bdem.de
Hier finden Sie Schwerpunktpraxen für Ernährungsmedizin.
www.dge.de

www.lipid-liga.de
www.diabetes-ernaehrung.de
www.idaa.de
www.dsb.de
www.medicum-hamburg.de
  Unter www.ernaehrungs-
  medizin.hamburg/rezepte
  finden Sie kostenfreie Rezepte
  nach Kriterien wie Kalorien-
  grenze, Zutatenausschluss
  oder Einschluss oder anderen
  Suchkriterien, Passwort:
  lecker. Auf diesem Portal werden auch Nährwertanalysen
  und auf Eignung für gewisse
  Begleitkrankheiten wie Diabetes, Bluthochdruck geprüfte
  Rezepte veröffentlicht. Es sind
  ebenfalls BE und Kalorienan-
  gaben möglich.

Augenerkrankungen
www.die-ifda.de

Erkrankungen am Fuß
www.zfd.de
www.podologen.de

Sexuelle Probleme
www.isg.de
www.profamilia.de

Psychische Betreuung
www.vdk.de

Ärztevereinigungen und Schulungen
www.vdbd.de
www.diabetes-world.net

www.diabetes-deutschland.de
www.diabetes.de
www.diabetikerbund.de
www.deutsche-diabetes-
gesellschaft.de
www.diabetes-forum.de
www.diabetes-psychologie.de
www.diabsite.de
www.diabetes-risiko.de
www.diabetes-kids.de
www.diabetes-deutschland.de
www.diabetes-sport.de
www.diabetes-austria.de

Abnehmen
www.novafeel.de
www.oekotest.de
www.leichterabnehmen.de
www.swr.de/buffet/teledoktor

Entspannung
www.volkshochschule.de
www.mbsr-verband.de

Nordic Walking
www.nordic-walking-infos.de
www.nordicwalkingverband.de
www.walkingonline.de

Rauchen und Entwöhnen
www.nichtraucherschutz.de

Depressionen und Angst
www.kompetenznetz-
  depressionen.de
www.panik-attacken.de
www.mobilisiere-deine-
  ressourcen.de

Systemisches Coaching und
individuelle Lebensberatung
bei Diabetes.

Sexuelle Probleme
www.impotenz-selbsthilfe.de

Infos zum Schwerbehinder-tenausweis
www.vdk.de
www.behinderten-ratgeber.org

Patienten-Information/Recht
www.patienteninformation.de

Krankenhaussuche
www.weisse-liste.de
  Übersicht der 2.000 deutschen
  Kliniken für die Suche nach
  der passenden Klinik (Projekt
  Bertelsmann und Verbraucher-
  organisationen)
www.gesundheitpro.de
  Kostenloses Portal rund um
  Gesundheit, Therapie, Ärzte,
  Kliniken, Selbsthilfegruppe
  und andere Gesundheits-
  anbieter
www.tk-online.de
  Klinikbewertung durch
  Patienten

SACHREGISTER

20:80-Diät 32 f.
2-Gläser-Regel 25, 27

A
Abnehmen, Hilfe 13, 16, 32, 181
Achtsamkeit 34 f.
Alkohol 25, 27
Aminosäuren 21
Austauschtabelle für BE 24
Autoimmunkrankheit 9

B
Ballaststoffe 13 ff., 20, 32
Bauchfett 8
Bauchspeicheldrüse 8 f., 14, 16, 28
Bauchumfang 9
Berechnungseinheit (BE) 24, 29
Bewegung 8, 10, 12, 26, 28 f.
Bier 27
Biologische Wertigkeit 20 f.
Birkenzucker 19
Blutfette 10, 17, 31
Blutgefäße 11, 14
Bluthochdruck 9
Blutzucker 8 ff.
  Blutzuckereinstellung 29
  Blutzuckermessung 9
  Blutzuckerspitzen 15
Broteinheit (BE) 24, 29
Butter 23

C
Cholesterin 9, 11, 22
Clean Eating 31

D
Diabetes
  Diabetes Typ 1 9
  Diabetes Typ 2 8 f., 12, 28 f.
Diogenes-Studie 13

E
Eiweiß 12 f., 17, 30, 32
  Eiweißbedarf 13, 32
  Pflanzeneiweiß 20 f.
  Tierisches Eiweiß 20 f.
Energieverbrauch 9

F
Feiern 25
Fett 8, 12, 14, 25
  Fettabbau 12, 32
  Fetteinlagerung 8, 12, 19
  Fettleber 8
Fettsäuren 20 f.
  Essenzielle Fettsäuren 20
  Gesättigte Fettsäuren 21
  Omega-3-Fettsäuren 20, 22, 31
  Omega-6-Fettsäuren 20, 22
  Tierische Fette 23, 30
  Ungesättigte Fettsäuren 22 f.
Folgeschäden 11, 28

Fruchtnektar 27
Fruchtsaft 27
Fruchtzucker (Fruktose) 13, 18 f., 25
Früherkennung 9

G
Gemüse 12 ff., 21, 25, 29 ff., 36 ff.
Gene 8 f., 18
Gesundheitscheck-Diabetes 11
Getränke 26 f., 35
Ghrelin 32
Gliflozine 11
Gliptine 11
Glykämischer Index (GI) 14 f.

H
Hanföl 22 f.
Harnsäure 9 ff.
HbA1c 10 f., 16
Herzinfarkt 9, 11
Hunger 12 f., 19, 26, 32, 34 f.

I
Inkretine 11
Insulin 8 ff., 28 f.
  Insulinpumpe 29
  Insulinresistenz 8, 13, 23
  Insulinspritze 25, 27, 29

K

Kaffee 24, 27
Kohlenhydrate 8 ff., 23 f., 27 ff.,
    31, 34, 37, 39
    Kohlenhydrateinheit (KE, KHE)
    24, 29
    komplexe Kohlenhydrate 15 f.

L

Langzeitblutzucker 10 f.
Leinöl 22, 31
Light-Produkte 18 f.
Limonade 26
Low Carb 16, 30 f.

M

Mahlzeitenhäufigkeit 13, 31 f., 35
Mandeln 16 ff., 21
Medikamente 10 f., 29
Metformin 11, 28
Mehrfachzucker 15 f.
Milch 13, 16, 20 f., 23, 27, 30, 33
Milchzucker (Laktose) 27
Molkenprotein 17

N

Nebenwirkungen 11, 28
Nerven 11, 14, 28
Normalgewicht 13
Nüchternblutzucker 9 f., 16
Nüsse 13, 16 f., 21 f., 24, 30 f., 37

O

Omega-3-Fettsäuren 20, 22 f., 31
Omega-Safe-Verfahren 22
Oxyguard-Verfahren 22

P

Paleo-Diät 30 f.
Pankreas 8 f., 14, 16, 28
Pistazien 16
Prädiabetes 9
Protein 12 f., 17, 30, 32
Purin 30 f.

R

Reise 24 f.
Restaurant 24 f.

S

Slow Carb 16 f., 31
Softdrinks 25 f.
Sport 8, 10, 12, 26, 28 f.
Steinzeit-Diät 30f.
Stevia 19
Stressreduktion 34 f.
Süßstoffe 19, 27
Superfood 31

T

Tiefkühlkost 36 f.
Transfettsäuren 22 f., 30
Traubenzucker (Glukose) 29
Trinken 26 f., 35

V

Veganer 21, 30 f.
Vegetarier 21, 30 f.
Verwertbarkeit 8 f.
Vollkornprodukte 14, 24 f., 31
Vorbeugung 9

W

Walnüsse 16, 21
Walnussöl 22
Wein 25, 27

X/Z

Xylit 19
Zuckeraustauschstoffe 18
Zuckerfasten 19
Zwischenmahlzeiten 13, 31

REZEPTREGISTER

Damit Sie Rezepte mit bestimmten Zutaten noch schneller finden, sind in diesem Register auch beliebte Zutaten wie **Frischkäse** oder **Mandeln** alphabetisch eingeordnet und hervorgehoben. Darunter finden Sie das Rezept Ihrer Wahl.

A

Apfel
Apfel-Meerrettich-Aufstrich 68
Apfel-Smoothie mit Zimt 79
Linsensalat mit Apfel und Rucola 82
Müsli-Frühstücksmuffins 50
Ofenforellen mit fruchtigem Wintersalat 153
Overnight Oats mit Apfel und Physalis 46
Porridge mit Granatapfel 45
Schafskäse auf Apfelscheiben mit Pinienkernen 94
Warmes Birnen-Apfel-Kompott mit Nusshaube 168
Aprikosen-Cashew-Mus 64
Asia-Suppe, vegane, mit Tofu 108
Auberginen
Auberginen-Feta-Päckchen aus dem Ofen 100
Schaschlik mit mediterranem Gemüse 142
Avocado
Avocadoaufstrich 66
Avocadocreme mit Erdbeeren 175
Avocadosalat mit Sprossen und Pinienkernen 85
Hüttenkäse mit Avocado (Variante) 66
Nussbrot mit Avocadomus 63

B

Bauernbrot mit Rührei 61
Beeren
Avocadocreme mit Erdbeeren 175
Blitzschnelles Brombeereis 178
Chiapudding mit Beeren 179
Dickmilchcreme mit Cassis-Topping 162
Frischkäsecreme mit Blaubeeren 163
Kokos-Pancakes mit Beeren 160
Birnen-Apfel-Kompott, warmes, mit Nusshaube 168
Blaubeeren
Blaubeer-Buttermilch-Muffins 51
Frischkäsecreme mit Blaubeeren 163
Blitzschnelles Brombeereis 178
Blumenkohl
Haferbratlinge mit Käse und Schinken 119
Rinderfilet mit mariniertem Blumenkohl 141
Bohnen: Bohneneintopf mit Rinderfiletstreifen 116

Brokkoli
Grüne Tofu-Gemüse-Pfanne 97
Lachsfilet auf Brokkolimus 154
Brombeereis, blitzschnelles 178
Brot
Bauernbrot mit Rührei 61
Eiweißbrot 62
Nussbrot mit Avocadomus 63
Tomaten-Ciabatta mit Ricotta 60
Butter: Möhren-Thymian-Butter 65
Buttermilch: Blaubeer-Buttermilch-Muffins 51

C

Cashew
Apfel-Smoothie mit Zimt 79
Aprikosen-Cashew-Mus 64
Chiapudding mit Beeren 179
Dinkel-Nuss-Granola mit Honig 47
Linsen-Cashew-Aufstrich 73
Overnight Oats mit Apfel und Physalis 46
Cassis: Dickmilchcreme mit Cassis-Topping 162
Chiapudding mit Beeren 179
Ciabatta: Tomaten-Ciabatta mit Ricotta 60
Couscous: Lachs-Zucchini-Päckchen mit Couscous 149
Crêpes: Mandel-Crêpes mit Limetten-Dip 174
Curry
Curry-Ingwer-Aufstrich 72
Kartoffelcurry mit Kichererbsen 98

D

Dickmilchcreme mit Cassis-
Topping 162

Dinkel

Dinkel-Nuss-Granola mit
Honig 47

Eiweißbrot 62

Kernige Gemüsepuffer 107

Kokos-Pancakes mit Beeren
160

Müsli-Frühstücksmuffins 50

Nussbrot mit Avocadomus 63

E

Eier

Bauernbrot mit Rührei 61

Mangold-Tomaten-Omelett
104

Rührei im Lachsmantel 55

Rührei mit buntem Gemüse 54

Rührei nach griechischer Art
52

Spargel-Basilikum-Omelett
mit Parmesan 48

Spinatrührei mit Garnelen 56

Tomaten-Lachs-Rührei
(Variante) 55

Eis: Blitzschnelles Brombeereis
178

Eiweißbrot 62

Erdbeeren

Avocadocreme mit Erdbeeren
175

Chiapudding mit Beeren 179

Erdbeercreme mit Minze 158

Rucola-Erdbeer-Salat 93

Exotischer Haferporridge 44

F

Fisch

Fischeintopf mit Gemüse 157

Kabeljau in Senfsauce mit
Möhren 150

Lachs mit Spinat und Feta 146

Lachsfilet auf Brokkolimus 154

Lachs-Forellen-Tatar 78

Lachs-Zucchini-Päckchen mit
Couscous 149

Ofenforellen mit fruchtigem
Wintersalat 153

Rührei im Lachsmantel 55

Thunfischhüttenkäse 76

Tomaten-Lachs-Rührei
(Variante) 55

Forelle

Lachs-Forellen-Tatar 78

Ofenforellen mit fruchtigem
Wintersalat 153

Frikadellen mit Ofengemüse 138

Frikassee: Schwarzwurzel-
frikassee mit Tofu 114

Frischkäse

Avocadoaufstrich 66

Avocadocreme mit Erdbeeren
175

Curry-Ingwer-Aufstrich 72

Frischkäsecreme mit Blau
beeren 163

Kabeljau in Senfsauce mit
Möhren 150

Lachs mit Spinat und Feta 146

Lachsfilet auf Brokkolimus 154

Mandel-Crêpés mit Limetten-
Dip 174

Möhrenfrischkäse 69

Sauerkrautauflauf

Sauerkrautauflauf mit Kasseler und Pellkartoffeln 125

Spaghetti mit Hähnchen und
Pilzen 123

G

Garnelen

Garnelen auf Zucchininudeln
156

Spinatrührei mit Garnelen 56

Gemüse

Fischeintopf mit Gemüse 157

Frikadellen mit Ofengemüse
138

Gemüseauflauf mit Halloumi
103

Gemüse-Feta-Päckchen aus
dem Ofen 115

Gemüsewaffeln mit Kräuterquark 58

Grüne Tofu-Gemüse-Pfanne
97

Kernige Gemüsepuffer 107

Rührei mit buntem Gemüse 54

Schaschlik mit mediterranem
Gemüse 142

Schnitzel mit buntem Gemüse
137

Wurzelgemüse mit Ziegenkäse
99

Geschnetzeltes mit Champignons 135

Gewürzmilch, heiße 171

Granatapfel

Porridge mit Granatapfel 45

Rinderfilet mit mariniertem
Blumenkohl 141

Grüne Tofu-Gemüse-Pfanne 97

Grüner Smoothie mit Mangold und Pfirsich (Variante) 79

Gurken

Geschnetzeltes mit Champignons 135

Grüner Smoothie mit Mangold und Pfirsich (Variante) 79

Gurkensalat mit Wassermelone 92

Kartoffel-Gurken-Salat mit -Radieschen 86

Schmorgurkeneintopf mit Hackbällchen 127

Gyros mit Joghurtdip und Bauernsalat 133

H

Hackfleisch

Frikadellen mit Ofengemüse 138

Schmorgurkeneintopf mit Hackbällchen 127

Weißkohl-Hack-Pfanne 129

Hafer

Blaubeer-Buttermilch-Muffins 51

Exotischer Haferporridge 44

Haferbratlinge mit Käse und Schinken 119

Kernige Gemüsepuffer 107

Müsli-Frühstücksmuffins 50

Overnight Oats mit Apfel und Physalis 46

Porridge mit Granatapfel 45

Schmorgurkeneintopf mit Hackbällchen 127

Hähnchen

Hühnerfrikassee mit Paprika und Pilzen 144

Quinoa-Paprika-Pfanne mit Hähnchen 121

Spaghetti mit Hähnchen und Pilzen 123

Halloumi: Gemüseauflauf mit Halloumi 103

Haselnüsse

Dinkel-Nuss-Granola mit Honig 47

Eiweißbrot 62

Overnight Oats mit Apfel und Physalis 46

Rinderfilet mit mariniertem Blumenkohl 141

Warmes Birnen-Apfel-Kompott mit Nusshaube 168

Heiße Gewürzmilch 171

Herzhafter Kürbisauflauf 118

Himbeer-Mandel-Muffins 164

Hühnerfrikassee mit Paprika und Pilzen 144

Hüttenkäse

Frischkäsecreme mit Blaubeeren 163

Hüttenkäse mit Avocado (Variante) 66

Hüttenkäse mit Paprika und Tomate 74

Körniger Frischkäse mit Papaya und Pistazien 42

Lachsfilet auf Brokkolimus 154

Olivenhüttenkäse 77

Orangenhüttenkäse 76

Radieschenhüttenkäse 75

Thunfischhüttenkäse 76

Walnusshüttenkäse 77

I/J

Italienischer Nudelsalat 88

Joghurt

Blitzschnelles Brombeereis 178

Dickmilchcreme mit Cassis-Topping 162

Erdbeercreme mit Minze 158

Exotischer Haferporridge 44

Gyros mit Joghurtdip und Bauernsalat 133

Himbeer-Mandel-Muffins 164

Kartoffelsalat mit grünem Spargel 87

Kokoscreme mit Basilikumpfirsichen 172

Mandel-Crêpes mit Limetten-Dip 174

Overnight Oats mit Apfel und Physalis 46

K

Kabeljau

Fischeintopf mit Gemüse 157

Kabeljau in Senfsauce mit Möhren 150

Karibischer Kokostraum 167

Kartoffeln

Kartoffelcurry mit Kichererbsen 98

Kartoffel-Gurken-Salat mit Radieschen 86

Kartoffelsalat mit grünem Spargel 87

Sauerkrautauflauf mit Kasseler und Pellkartoffeln 125

Schweinemedaillons mit Sellerie-Möhren-Gemüse 131

Spinat-Möhren-Auflauf mit Kartoffeln 112

Käse

Garnelen auf Zucchininudeln 156

Haferbratlinge mit Käse und Schinken 119

Italienischer Nudelsalat 88

Mangold-Tomaten-Omelett 104

Schwarzwurzelfrikassee mit Tofu 114

Spargel-Basilikum-Omelett mit Parmesan 48

Spinat-Möhren-Auflauf mit Kartoffeln 112

Kasseler: Sauerkrautauflauf mit Kasseler und Pellkartoffeln 125

Kernige Gemüsepuffer 107

Kichererbsen: Kartoffelcurry mit Kichererbsen 98

Kokos

Dinkel-Nuss-Granola mit Honig 47

Karibischer Kokostraum 167

Kokoscreme mit Basilikumpfirsichen 172

Kokos-Pancakes mit Beeren 160

Körniger Frischkäse mit Papaya und Pistazien 42

Kürbis

Gemüseauflauf mit Halloumi 103

Herzhafter Kürbisauflauf 118

Kürbis-Möhren-Suppe mit Putenstreifen 145

L

Lachs

Lachs mit Spinat und Feta 146

Lachsfilet auf Brokkolimus 154

Lachs-Forellen-Tatar 78

Lachs-Zucchini-Päckchen mit Couscous 149

Rührei im Lachsmantel 55

Tomaten-Lachs-Rührei (Variante) 55

Leichte Mousse au chocolate 170

Linsen

Linsen-Cashew-Aufstrich 73

Linsensalat mit Apfel und Rucola 82

Linsensalat mit warmem Ziegenkäse 80

Rote-Linsen-Suppe mit Wirsing 111

M

Mandeln

Dinkel-Nuss-Granola mit Honig 47

Himbeer-Mandel-Muffins 164

Lachsfilet auf Brokkolimus 154

Mandel-Crêpes mit Limetten-Dip 174

Nussbrot mit Avocadomus 63

Paprika-Möhren-Aufstrich 70

Mangold

Grüner Smoothie mit Mangold und Pfirsich (Variante) 79

Mangold-Tomaten-Omelett 104

Marillenaufstrich 67

Möhren

Curry-Ingwer-Aufstrich 72

Frikadellen mit Ofengemüse 138

Gemüsewaffeln mit Kräuterquark 58

Kabeljau in Senfsauce mit Möhren 150

Kartoffelcurry mit Kichererbsen 98

Kürbis-Möhren-Suppe mit Putenstreifen 145

Linsensalat mit Apfel und Rucola 82

Linsensalat mit warmem Ziegenkäse 80

Möhrenfrischkäse 69

Möhren-Ingwer-Suppe 110

Möhren-Thymian-Butter 65

Ofenforellen mit fruchtigem Wintersalat 153

Paprika-Möhren-Aufstrich 70

Schnitzel mit buntem Gemüse 137

Schweinemedaillons mit Sellerie-Möhren-Gemüse 131

Spinat-Möhren-Auflauf mit Kartoffeln 112

Vegane Asia-Suppe mit Tofu 108

Wurzelgemüse mit Ziegenkäse 99

Muffins

Blaubeer-Buttermilch-Muffins 51

Himbeer-Mandel-Muffins 164

Müsli-Frühstücksmuffins 50

Müsli

Dinkel-Nuss-Granola mit Honig 47

Müsli-Frühstücksmuffins 50

N

Nudeln

Garnelen auf Zucchininudeln 156

Italienischer Nudelsalat 88

Spaghetti mit Hähnchen und Pilzen 123

Vegane Asia-Suppe mit Tofu 108

Nüsse

Avocadosalat mit Sprossen und Pinienkernen 85

Dinkel-Nuss-Granola mit Honig 47

Eiweißbrot 62

Linsensalat mit Apfel und Rucola 82

Müsli-Frühstücksmuffins 50

Nussbrot mit Avocadomus 63

Overnight Oats mit Apfel und Physalis 46

Papaya-Carpaccio mit Nuss-Topping 176

Rinderfiletmit mariniertem Blumenkohl 141

Walnusshüttenkäse 77

Warmes Birnen-Apfel-Kompott mit Nusshaube 168

O

Ofenforellen mit fruchtigem Wintersalat 153

Olivenhüttenkäse 77

Omelett

Mangold-Tomaten-Omelett 104

Spargel-Basilikum-Omelett mit Parmesan 48

Orangenhüttenkäse 76

Overnight Oats mit Apfel und Physalis 46

P

Pancakes: Kokos-Pancakes mit Beeren 160

Papaya

Körniger Frischkäse mit Papaya und Pistazien 42

Papaya-Carpaccio mit Nuss-Topping 176

Bohneneintopf mit Rinderfilet-streifen 116

Gemüse-Feta-Päckchen aus dem Ofen 115

Hühnerfrikassee mit Paprika und Pilzen 144

Hüttenkäse mit Paprika und Tomate 74

Paprika

Hühnerfrikassee mit Paprika und Pilzen 144

Paprika-Möhren-Aufstrich 70

Quinoa-Paprika-Pfanne mit Hähnchen 121

Rührei mit buntem Gemüse 54

Schaschlik mit mediterranem Gemüse 142

Schnitzel mit buntem Gemüse 137

Sommersalat mit Serrano-Schinken 91

Vegane Asia-Suppe mit Tofu 108

Pfirsich

Grüner Smoothie mit Mangold und Pfirsich (Variante) 79

Kokoscreme mit Basilikum-pfirsichen 172

Physalis: Overnight Oats mit Apfel und Physalis 46

Pilze

Geschnetzeltes mit Champignons 135

Hühnerfrikassee mit Paprika und Pilzen 144

Pilz-Tomaten-Aufstrich (Variante) 69

Sommersalat mit Serrano-Schinken 91

Spaghetti mit Hähnchen und Pilzen 123

Pinienkerne

Avocadosalat mit Sprossen und Pinienkernen 85

Italienischer Nudelsalat 88

Karibischer Kokostraum 167

Mangold-Tomaten-Omelett 104

Olivenhüttenkäse 77

Pilz-Tomaten-Aufstrich (Variante) 69

Rucola-Erdbeer-Salat 93

Schafskäse auf Apfelscheiben mit Pinienkernen 94

Pistazien

Avocadocreme mit Erdbeeren 175

Körniger Frischkäse mit Papaya und Pistazien 42

Porridge
Exotischer Haferporridge 44
Porridge mit Granatapfel 45
Pudding: Chiapudding mit
Beeren 179
Pute: Kürbis-Möhren-Suppe mit
Putenstreifen 145

Q

Quark
Eiweißbrot 62
Gemüsewaffeln mit Kräuter-
quark 58
Karibischer Kokostraum 167
Kokoscreme mit Basilikum-
pfirsichen 172
Leichte Mousse au chocolate
170
Müsli-Frühstücksmuffins 50
Quinoa-Paprika-Pfanne mit
Hähnchen 121

R

Radieschen
Kartoffel-Gurken-Salat mit Ra-
dieschen 86
Radieschenhüttenkäse 75
Ricotta: Tomaten-Ciabatta mit
Ricotta 60
Rindfleisch
Bohneneintopf mit Rinderfilet-
streifen 116
Frikadellen mit Ofengemüse
138
Rinderfilet mit mariniertem
Blumenkohl 141
Schmorgurkeneintopf mit
Hackbällchen 127

Weißkohl-Hack-Pfanne 129
Rote Bete
Frikadellen mit Ofengemüse
138
Gemüseauflauf mit Halloumi
103
Rote-Bete-Salat mit Spinat 83
Wurzelgemüse mit Ziegenkäse
99
Rote-Linsen-Suppe mit Wirsing
111
Rucola
Italienischer Nudelsalat 88
Linsensalat mit Apfel und Ru-
cola 82
Rucola-Erdbeer-Salat 93
Schafskäse auf Apfelscheiben
mit Pinienkernen 94
Sommersalat mit Serrano-
Schinken 91
Walnusshüttenkäse 77
Rührei
Bauernbrot mit Rührei 61
Rührei im Lachsmantel 55
Rührei mit buntem Gemüse 54
Rührei nach griechischer Art
52

S

Sauerkrautauflauf mit Kasseler
und Pellkartoffeln 125
Schafskäse
Auberginen-Feta-Päckchen
aus dem Ofen 100
Gemüse-Feta-Päckchen aus
dem Ofen 115
Lachs mit Spinat und Feta 146
Linsensalat mit Apfel und
Rucola 82

Olivenhüttenkäse 77
Rote-Bete-Salat mit Spinat 83
Rucola-Erdbeer-Salat 93
Rührei nach griechischer Art
52
Schafskäse auf Apfelscheiben
mit Pinienkernen 94
Walnusshüttenkäse 77
Schaschlik mit mediterranem
Gemüse 142
Schinken
Haferbratlinge mit Käse und
Schinken 119
Sommersalat mit Serrano-
Schinken 91
Schmorgurkeneintopf mit Hack-
bällchen 127
Schnitzel mit buntem Gemüse
137
Schokolade: Leichte Mousse au
chocolat 170
Schwarzwurzelfrikassee mit
Tofu 114
Schwein
Geschnetzeltes mit Champig-
nons 135
Gyros mit Joghurtdip und
Bauernsalat 133
Schaschlik mit mediterranem
Gemüse 142
Schnitzel mit buntem Gemüse
137
Schweinemedaillons mit Selle-
rie-Möhren-Gemüse 131
Sellerie: Schweinemedaillons
mit Sellerie-Möhren-Gemüse
131

Smoothie
Apfel-Smoothie mit Zimt 79
Grüner Smoothie mit Mangold
und Pfirsich (Variante) 79
Sommersalat mit Serrano-
Schinken 91
Spaghetti mit Hähnchen und
Pilzen 123
Spargel
Kartoffelsalat mit grünem
Spargel 87
Spargel-Basilikum-Omelett
mit Parmesan 48
Spinat
Lachs mit Spinat und Feta 146
Rote-Bete-Salat mit Spinat 83
Spinat-Möhren-Auflauf mit
Kartoffeln 112
Spinatrührei mit Garnelen 56
Süßkartoffeln: Wurzelgemüse
mit Ziegenkäse 99

T

Thunfischhüttenkäse 76
Tofu
Apfel-Meerrettich-Aufstrich 68
Grüne Tofu-Gemüse-Pfanne
97
Möhren-Ingwer-Suppe 110
Schwarzwurzelfrikassee mit
Tofu 114
Vegane Asia-Suppe mit Tofu
108
Tomaten
Auberginen-Feta-Päckchen
aus dem Ofen 100
Avocadosalat mit Sprossen
und Pinienkernen 85

Bohneneintopf mit Rinderfilet-
streifen 116
Fischeintopf mit Gemüse 157
Fischeintopf mit Gemüse 157
Gemüse-Feta-Päckchen aus
dem Ofen 115
Geschnetzeltes mit Champig-
nons 135
Gyros mit Joghurtdip und
Bauernsalat 133
Italienischer Nudelsalat 88
Lachs mit Spinat und Feta 146
Linsensalat mit Apfel und
Rucola 82
Linsensalat mit warmem
Ziegenkäse 80
Mangold-Tomaten-Omelett
104
Olivenhüttenkäse 77
Pilz-Tomaten-Aufstrich
(Variante) 69
Rührei mit buntem Gemüse 54
Rührei nach griechischer Art
Hüttenkäse mit Paprika und
Tomate 74
Schaschlik mit mediterranem
Gemüse 142
Schnitzel mit buntem Gemüse
137
Spaghetti mit Hähnchen und
Pilzen 123
Tomaten-Ciabatta mit Ricotta
60
Tomaten-Lachs-Rührei
(Variante) 55

V/W

Vegane Asia-Suppe mit Tofu 108
Waffel: Gemüsewaffeln mit
Kräuterquark 58
Walnüsse
Avocadosalat mit Sprossen
und Pinienkernen 85
Linsensalat mit Apfel und Ru-
cola 82
Müsli-Frühstücksmuffins 50
Nussbrot mit Avocadomus 63
Walnusshüttenkäse 77
Warmes Birnen-Apfel-Kompott
mit Nusshaube 168
Wassermelone: Gurkensalat mit
Wassermelone 92
Weißkohl-Hack-Pfanne 129
Wirsing: Rote-Linsen-Suppe mit
Wirsing 111
Wurzelgemüse mit Ziegenkäse
99

Z

Ziegenkäse
Linsensalat mit warmem
Ziegenkäse 80
Wurzelgemüse mit Ziegenkäse
99
Zucchini
Garnelen auf Zucchininudeln
156
Lachs-Zucchini-Päckchen mit
Couscous 149

© Genehmigte Lizenzausgabe für Weltbild GmbH & Co. KG, Werner-von-Siemens-Str. 1, 86159 Augsburg
Copyright © 2017 Gräfe und Unzer Verlag GmbH, München

Projektleitung: Silvia Herzog
Lektorat: Kathrin Gritschneder
Bildredaktion: Nele Schneidewind
Korrektorat: Christian Wolf
Innengestaltung: independent Medien-Design, Horst Moser, München
Umschlaggestaltung: Maria Seidel, atelier-seidel.de
Illustrationen: Ela Strickert
Herstellung: Renate Hutt
Satz: Longo AG, Bozen
Reproduktion: Longo AG, Bozen
Druck und Bindung: Firmengruppe APPL aprinta druck GmbH 86650 Wemding
Printed in the EU
Syndication: www.seasons.agency

978-3-8289-2899-2

2020   2019   2018
Die letzte Jahreszahl gibt die aktuelle Lizenzausgabe an.

Einkaufen im Internet:
www.weltbild.de

Die Fotografen

Andrea Kramp und **Bernd Gölling** lernten sich während des Fotodesign-Studiums in Hamburg kennen. Seit 1983 sind sie freiberuflich tätig und arbeiten gemeinsam in ihrem Studio in Reeßum im Bereich Food und Still Life. Zu ihren Kunden zählen zahlreiche Redaktionen, Verlage und Agenturen.

Bildnachweis

Innenteil:
Kramp + Gölling, Reeßum
Food-Styling: Hermann Rottmann, Hamburg
Weitere Fotos: Getty Images: 28, 29, Istockphoto: S. 2/3, 35, Seasons agency: S. 13 (Kramp+Gölling), 23 (Eising Studio), Shutterstock: S. 8, Stocksy: S. 6, 17, 19, 25, 27, 30.
Alle Illustrationen:
Ela Strickert, Hamburg

Titelrezept

Geschnetzeltes mit Champignons (S. 135)

Backofenhinweis:
Die Backzeiten können je nach Herd variieren. Die Temperaturangaben in unseren Rezepten beziehen sich auf das Backen im Elektroherd mit Ober- und Unterhitze und können bei Gasherden oder Backen mit Umluft abweichen. Details entnehmen Sie bitte Ihrer Gebrauchsanweisung.